EXORTAÇÃO APOSTÓLICA PÓS-SINODAL

AFRICAE MUNUS

DO SANTO PADRE
BENTO XVI

AO EPISCOPADO, AO CLERO,
ÀS PESSOAS CONSAGRADAS
E AOS FIÉIS LEIGOS

SOBRE A IGREJA NA ÁFRICA
AO SERVIÇO DA RECONCILIAÇÃO
DA JUSTIÇA E DA PAZ

Direção-geral: *Bernadete Boff*
Editora responsável: *Vera Ivanise Bombonatto*

1ª edição – 2012

Nenhuma parte desta obra poderá ser reproduzida ou transmitida por qualquer forma e/ou quaisquer meios (eletrônico ou mecânico, incluindo fotocópia e gravação) ou arquivada em qualquer sistema ou banco de dados sem permissão escrita da Editora. Direitos reservados.

© 2011 – Libreria Editrice Vaticana

Paulinas
Rua Dona Inácia Uchoa, 62
04110-020 – São Paulo – SP (Brasil)
Tel.: (11) 2125-3500
http://www.paulinas.org.br
editora@paulinas.com.br
Telemarketing e SAC: 0800-7010081

© Pia Sociedade Filhas de São Paulo – São Paulo, 2012

"Vós sois o sal da terra [...]
Vós sois a luz do mundo"
(Mt 5,13.14)

INTRODUÇÃO

1. O serviço da África ao Senhor Jesus Cristo é um tesouro precioso que confio, neste princípio do terceiro milênio, aos bispos, aos sacerdotes, aos diáconos permanentes, às pessoas consagradas, aos catequistas e aos leigos daquele amado continente e ilhas adjacentes. Esta missão leva a África a aprofundar a vocação cristã; convida-a a viver, em nome de Jesus, a reconciliação entre as pessoas e as comunidades, e a promover a paz e a justiça na verdade para todos.

2. Quis que a segunda Assembleia Especial para a África do Sínodo dos Bispos, que decorreu de 4 a 25 de outubro de 2009, se situasse no prolongamento da Assembleia de 1994, "que se revelou um acontecimento de esperança e de ressurreição, no momento mesmo em que as vicissitudes humanas pareciam antes impelir a África para o desânimo e o desespero".[1] A Exortação apostólica pós-sinodal *Ecclesia in Africa* do meu predecessor, o Beato João Paulo II, recolhera as orientações e as opções pas-

---

[1] João Paulo II, Exort. ap. pós-sinodal *Ecclesia in Africa* (14 de setembro de 1995), 1: *AAS* 88 (1996), 5.

torais dos Padres sinodais para uma nova evangelização do continente africano. Convinha, no termo do primeiro decênio deste terceiro milênio, reavivar a nossa fé e a nossa esperança, contribuindo assim para a construção duma África reconciliada pelos caminhos da verdade e da justiça, do amor e da paz (cf. *Sl* 85/84,11). Com os Padres sinodais, recordo que, "se o Senhor não edificar a casa, em vão trabalham os construtores" (*Sl* 127/126,1).

3. Uma vitalidade eclesial excepcional e o desenvolvimento teológico da Igreja como Família de Deus[2] foram os resultados mais visíveis do Sínodo de 1994. Para dar à Igreja de Deus presente no continente africano e ilhas adjacentes um novo impulso, carregado de esperança e de caridade evangélica, pareceu-me necessário convocar uma segunda Assembleia Sinodal. Sustentadas pela invocação diária do Espírito Santo e a oração de inumeráveis fiéis, as Sessões sinodais produziram frutos que eu desejaria, através deste documento, transmitir à Igreja universal e, de modo particular, à Igreja na África,[3] para que seja verdadeiramente "sal da

---

[2] Cf. I Assembleia Especial para a África do Sínodo dos Bispos, *Mensagem Final* (6 de maio de 1994), 24-25: *L'Osservatore Romano* (ed. port. de 14/V/1994), 6; João Paulo II, Exort. ap. pós-sinodal *Ecclesia in Africa* (14 de setembro de 1995), 63: *AAS* 88 (1996), 39-40.

[3] Cf. *II Assembleia Especial para a África do Sínodo dos Bispos*, *Propositio* 1.

terra" e "luz do mundo" (cf. *Mt* 5,13.14).[4] Animada por uma "fé que atua pelo amor" (*Gl* 5,6), a Igreja deseja produzir frutos de amor: a reconciliação, a paz e a justiça (cf. *1Cor* 13,4-7). Esta é a sua missão específica.

4. A qualidade das intervenções dos Padres sinodais e das outras pessoas que intervieram durante as Sessões impressionou-me. O realismo e a clarividência dos seus contributos demonstraram a maturidade cristã do continente. Não tiveram medo de olhar de frente a verdade e procuraram, sinceramente, pensar nas soluções possíveis para os problemas que enfrentam as suas Igrejas particulares, e também a Igreja universal. Constataram também que as bênçãos de Deus, Pai de todos, são incalculáveis. Deus nunca abandona o seu povo. Não me parece necessário alongar-me sobre as diversas situações sociopolíticas, étnicas, econômicas ou ecológicas que vivem diariamente os africanos e que não podem ser ignoradas. Os africanos sabem melhor do que ninguém como demasiadas vezes, infelizmente, estas situações são difíceis, dramáticas ou mesmo trágicas. Rendo homenagem aos africanos e a todos os cristãos daquele continente que as enfrentam com coragem e dignidade. Dese-

---

[4] Cf. *Propositio* 2.

jam, com razão, que esta dignidade seja reconhecida e respeitada. Posso assegurar-lhes que a Igreja respeita e ama a África.

5. Perante os numerosos desafios que a África deseja vencer para se tornar cada vez mais uma terra de promessas, a Igreja poderia – como sucedeu a Israel – ser tentada pelo desânimo, mas os nossos antepassados na fé mostraram-nos a justa atitude a adotar; assim Moisés, o servo do Senhor, "pela fé, [...] manteve-se firme, como se contemplasse o invisível" (*Hb* 11,27). Como no-lo recorda o autor da *Carta aos Hebreus*, "a fé é garantia das coisas que se esperam e certeza daquelas que não se veem" (11,1). Ora, é este olhar de fé e esperança que exorto a Igreja inteira a ter com a África. Jesus Cristo, que nos convidou a ser "o sal da terra" e "a luz do mundo" (*Mt* 5,13.14), oferece-nos a força do Espírito para realizarmos cada vez melhor este ideal.

6. Na minha ideia, esta palavra de Cristo – *"Vós sois o sal da terra [...] vós sois a luz do mundo"* – devia ser o fio condutor do Sínodo e também do período pós-sinodal. Em Yaoundée, falando ao conjunto dos fiéis africanos, disse: "Através de Jesus, já lá vão dois mil anos, o próprio Deus trouxe o sal e a luz à África. Desde então, a semente da sua presença está enterrada nas profundezas do coração deste amado continente e germina pouco

a pouco através e para além das vicissitudes da sua história humana".[5]

7. A Exortação *Ecclesia in Africa* assumiu "a ideia-chave" da Igreja "Família de Deus", tendo os Padres sinodais reconhecido nela "uma expressão da natureza da Igreja, particularmente apropriada para a África. Com efeito, a imagem acentua a atenção pelo outro, a solidariedade, as calorosas relações de acolhimento, de diálogo e de mútua confiança".[6] A Exortação convida as famílias cristãs africanas a tornarem-se "igrejas domésticas",[7] para ajudar as respectivas comunidades a reconhecer que pertencem a um único e mesmo Corpo. Esta imagem é importante não só para a Igreja na África mas também para a Igreja universal, numa época em que a família é ameaçada por aqueles que querem uma vida sem Deus. Privar de Deus o continente africano significaria fazê-lo morrer pouco a pouco, tirando-lhe a sua alma.

---

[5] Bento XVI, *Discurso ao Conselho Especial para a África do Sínodo dos Bispos* (Yaoundé, 19 de março de 2009): *AAS* 101 (2009), 310.

[6] João Paulo II, Exort. ap. pós-sinodal *Ecclesia in Africa* (14 de setembro de 1995), 63: *AAS* 88 (1996), 39-40.

[7] Cf. n. 92: *AAS* 88 (1996), 57-58; Conc. Ecum. Vat. II, Const. dogm. sobre a Igreja *Lumen gentium*, 11; *id.*, Decr. sobre o apostolado dos leigos *Apostolicam actuositatem*, 11; João Paulo II, Exort. ap. pós-sinodal *Familiaris consortio* (22 de novembro de 1981), 21: *AAS* 74 (1982), 104-106.

8. Na tradição viva da Igreja, correspondendo à solicitação da Exortação *Ecclesia in Africa*,[8] ver a Igreja como uma família e uma fraternidade equivale a restaurar um aspecto do seu patrimônio. Nesta realidade em que Jesus Cristo, "o primogênito de muitos irmãos" (*Rm* 8,29), reconciliou todos os homens com Deus Pai (cf. *Ef* 2,14-18) e deu o Espírito Santo (cf. *Jo* 20,22), a Igreja torna-se, por sua vez, portadora desta Boa-Nova da filiação divina de cada pessoa humana: é chamada a transmiti-la a toda a humanidade, proclamando a salvação realizada por Cristo em nosso favor, celebrando a comunhão com Deus e vivendo a fraternidade na solidariedade.

9. A memória da África guarda a dolorosa recordação das cicatrizes deixadas pelas lutas fratricidas entre as etnias, pela escravatura e pela colonização. Ainda hoje o continente se vê confrontado com rivalidades, com novas formas de escravatura e de colonização. A primeira Assembleia Especial comparara-o ao homem que tinha caído vítima dos salteadores, abandonado moribundo na beira da estrada (cf. *Lc* 10,25-37). Por isso se pôde falar da "marginalização" da África. Uma tradição, nascida em terra africana, identifica o bom Samaritano

---

[8] Cf. n. 63: *AAS* 88 (1996), 39-40.

com o próprio Senhor Jesus e convida à esperança; de fato, Clemente de Alexandria deixou escrito: "Quem, mais do que Ele, teve piedade de nós, que estávamos, por assim dizer, condenados à morte pelas potências do mundo das trevas, prostrados por uma imensidade de feridas, temores, cobiças, zangas, angústias, mentiras e devassidões? O único médico destas feridas é Jesus".[9] Deste modo, há numerosos motivos de esperança e de ação de graças. Assim, por exemplo, apesar das grandes pandemias – como a malária, a aids, a tuberculose e outras – que dizimam a sua população e que a medicina procura cada vez mais eficazmente extirpar, a África mantém a sua alegria de viver, de celebrar a vida que provém do Criador no acolhimento dos nascituros para aumentar a família e a comunidade humana. De igual modo vejo um motivo de esperança no rico patrimônio intelectual, cultural e religioso de que é depositária a África. Esta deseja preservá-lo, explorá-lo ainda mais e dá-lo a conhecer ao mundo. Trata-se de um contributo essencial e positivo.

10. A segunda Assembleia Sinodal para a África deteve-se sobre o tema da reconciliação, da justiça e da paz. A rica documentação que me foi entregue depois da Assembleia – os *Lineamenta*, o

---

[9] *Quis dives salvetur*, 29, 2-3: *PG* 9, 633.

Instrumentum laboris, as Relações redigidas antes e depois dos debates, as intervenções e as considerações dos grupos de trabalho – convida a "transformar a teologia em pastoral, isto é, num ministério pastoral muito concreto, no qual as grandes visões da Sagrada Escritura e da Tradição sejam aplicadas à ação dos bispos e dos sacerdotes num tempo e num lugar determinados".[10]

11. Assim, movido por solicitude paterna e pastoral, dirijo este documento à África de hoje, que conheceu os traumas e os conflitos que sabemos. O homem é plasmado pelo seu passado, mas vive e caminha no presente; e olha para o futuro. Como o resto do mundo, a África vive um choque cultural que ameaça os alicerces milenários da vida social e, por vezes, torna difícil o encontro com a modernidade. Nesta crise antropológica com que se debate, o continente africano poderá encontrar caminhos de esperança instaurando um diálogo entre os membros dos seus diversos componentes religiosos, sociais, políticos, econômicos, culturais e científicos. Para isso terá necessidade de encontrar e promover uma concepção da pessoa e da sua relação com a realidade assente numa profunda renovação espiritual.

---

[10] Bento XVI, *Discurso à Cúria Romana por ocasião da apresentação dos votos de Natal* (21 de dezembro de 2009): *AAS* 102 (2010), 35.

12. Na Exortação *Ecclesia in Africa*, João Paulo II sublinhava que, "apesar de a civilização contemporânea lembrar uma 'aldeia global', na África, como aliás noutras partes do mundo, o espírito de diálogo, de paz e reconciliação está ainda longe de habitar no coração de todos os homens. As guerras, os conflitos, os comportamentos racistas e xenófobos ainda dominam demasiadamente o mundo das relações humanas".[11] A esperança, que caracteriza uma vida autenticamente cristã, recorda-nos de que o Espírito Santo está em ação por todo o lado, inclusive no continente africano, e de que as forças da vida, que nascem do amor, prevalecem sempre sobre as forças da morte (cf. *Ct* 8,6-7). Por isso, os Padres sinodais viram que as dificuldades encontradas pelos países e Igrejas particulares da África não constituíam obstáculos intransponíveis; antes, eram um desafio lançado ao que de melhor há em nós: à nossa imaginação, à nossa inteligência, à nossa vocação de seguir sem reservas os passos de Jesus Cristo, de procurar Deus, "Amor eterno e Verdade absoluta".[12] E a Igreja, com todos os protagonistas da sociedade africana, sente-se chamada a aceitar

---

[11] N. 79: *AAS* 88 (1996), 51.

[12] Bento XVI, Carta enc. *Caritas in veritate* (29 de junho de 2009), 1: *AAS* 101 (2009), 641.

estes desafios. De certo modo, é um imperativo do Evangelho.

13. Através deste documento, desejo oferecer os frutos e os estímulos do Sínodo e convido todos os homens e mulheres de boa vontade a considerar a África com um olhar de fé e caridade, para a ajudar a tornar-se, por meio de Cristo e do Espírito Santo, luz do mundo e sal da terra (cf. *Mt* 5,13.14). Um tesouro precioso está presente na alma da África, onde vislumbro "um imenso 'pulmão' espiritual para uma humanidade que se apresenta em crise de fé e de esperança",[13] graças às extraordinárias riquezas humanas e espirituais dos seus filhos, das suas variadas culturas, do seu solo e subsolo com imensos recursos. Entretanto, para se manter de pé com dignidade, a África tem necessidade de ouvir a voz de Cristo que, hoje, proclama o amor pelo outro, incluindo o inimigo, até ao dom da própria vida e que, hoje, reza pela unidade e a comunhão de todos os homens em Deus (cf. *Jo* 17,20-21).

---

[13] Bento XVI, *Homilia na Missa de abertura da Segunda Assembleia Especial para a África do Sínodo dos Bispos* (4 de outubro de 2009): *AAS* 101 (2009), 907.

I PARTE
"EU RENOVO TODAS AS COISAS"

(*Ap* 21,5)

14. O Sínodo permitiu discernir os pontos fulcrais da missão para uma África que aspira pela reconciliação, a justiça e a paz. Compete às Igrejas particulares traduzir estes pontos em "ardorosos propósitos e diretrizes concretas de ação".[14] Com efeito, é "nas Igrejas locais que se podem estabelecer as linhas programáticas concretas – objetivos e métodos de trabalho, formação e valorização dos agentes, busca dos meios necessários – que permitam levar o anúncio de Cristo às pessoas, plasmar as comunidades, permear em profundidade, através do testemunho dos valores evangélicos, a sociedade e a cultura"[15] africanas.

---

[14] João Paulo II, Carta ap. *Novo millennio ineunte* (6 de janeiro de 2001), 3: *AAS* 93 (2001), 267.

[15] *Ibid.*, 29; *o.c.*, 286.

CAPÍTULO I

AO SERVIÇO DA RECONCILIAÇÃO, DA JUSTIÇA E DA PAZ

I. Autênticos servidores da Palavra de Deus

15. Uma África, que avança jubilosa e viva, exprime o louvor de Deus, como sublinhava Santo Ireneu: "A glória de Deus é o homem vivo". Mas acrescenta imediatamente: "A vida do homem é a visão de Deus".[16] Por isso, ainda hoje, a tarefa essencial da Igreja é levar a mensagem do Evangelho ao coração das sociedades africanas, conduzir rumo à visão de Deus. Como o sal dá sabor aos alimentos, assim esta mensagem faz das pessoas que a vivem autênticas testemunhas. Todos aqueles que assim crescerem tornam-se capazes de se reconciliar em Jesus Cristo; tornam-se lâmpadas para os seus irmãos. Deste modo, juntamente com os Padres do Sínodo, convido "a Igreja na África a ser testemunha no serviço da reconciliação, da justiça e da

---

[16] *Adversus hæreses,* IV, 20, 7: *PG* 7, 1037.

paz, como 'sal da terra' e 'luz do mundo'",[17] para que a sua vida corresponda a este apelo: "Igreja na África, família de Deus, levanta-te, porque te chama o Pai celeste!".[18]

16. É significativo que Deus tenha permitido que o segundo Sínodo para a África fosse celebrado imediatamente depois do Sínodo consagrado à Palavra de Deus na vida e na missão da Igreja. Este Sínodo lembrou o dever imperioso que tem o discípulo de perceber Cristo que chama através da sua Palavra. Por meio dela, os fiéis aprendem a escutar Cristo e a deixar-se guiar pelo Espírito Santo que nos revela o sentido de todas as coisas (cf. *Jo* 16,13). Com efeito, "a leitura e a meditação da Palavra de Deus radicam-nos mais profundamente em Cristo e orientam o nosso ministério de servidores da reconciliação, da justiça e da paz".[19] Como recordava o mesmo Sínodo, "para se tornar seus irmãos e suas irmãs, é necessário ser daqueles que 'ouvem a Palavra de Deus e a põem em prática' (*Lc* 8,21). A escuta autêntica é obedecer e agir, é fazer desabrochar na vida a justiça e o amor, é oferecer na

---

[17] *Propositio* 34.

[18] Bento XVI, *Homilia na Missa de encerramento da Segunda Assembleia Especial para a África do Sínodo dos Bispos* (25 de outubro de 2009): *AAS* 101 (2009), 918.

[19] *Propositio* 46.

existência e na sociedade um testemunho na linha do apelo dos profetas, que unia constantemente Palavra de Deus e vida, fé e retidão, culto e compromisso social".[20] Escutar e meditar a Palavra de Deus significa desejar que esta penetre e modele a nossa vida para nos reconciliar com Deus, para permitir a Deus que nos conduza a uma reconciliação com o próximo, caminho indispensável para a construção duma comunidade de pessoas e de povos. Que a Palavra de Deus encarne verdadeiramente nos nossos corações e nas nossas vidas!

II. Cristo no coração das realidades africanas: fonte de reconciliação, de justiça e de paz

17. Os três conceitos principais do tema sinodal, ou seja, a reconciliação, a justiça e a paz, fizeram o Sínodo confrontar-se com a sua "responsabilidade teológica e social"[21] e permitiram interrogar-se também sobre a função pública da Igreja e o seu lugar no contexto africano atual.[22] "Poder-se-ia dizer que

---

[20] XII Assembleia Geral Ordinária do Sínodo dos Bispos, *Mensagem Final* (24 de outubro de 2008), 10: *L'Osservatore Romano* (ed. port. de 01/XI/2008), 8.

[21] Bento XVI, *Discurso à Cúria Romana por ocasião da apresentação dos votos de Natal* (21 de dezembro de 2009): *AAS* 102 (2010), 35.

[22] Cf. Bento XVI, Carta enc. *Caritas in veritate* (29 de junho de 2009), 5-9: *AAS* 101 (2009), 643-647.

reconciliação e justiça sejam os dois pressupostos essenciais da paz e, por conseguinte, definam em certa medida também a sua natureza".[23] A tarefa que devemos especificar não é fácil, porque se situa entre o empenho imediato em política – que não entra nas competências diretas da Igreja – e a retirada ou a evasão para teorias teológicas e espirituais, com o risco de constituir uma fuga diante duma responsabilidade concreta na história humana.

18. "Deixo-vos a paz, dou-vos a minha paz" – diz o Senhor, que acrescenta – "Não é como a dá o mundo, que Eu vo-la dou" (*Jo* 14,27). A paz dos homens, que se obtenha sem a justiça, é ilusória e efêmera. A justiça dos homens, que não tenha a sua fonte na reconciliação através da verdade na caridade (cf. *Ef* 4,15), permanece incompleta; não é autêntica justiça. É o amor da verdade – "a verdade completa", para a qual só o Espírito nos pode guiar (cf. *Jo* 16,13) – que traça o caminho que toda a justiça humana deve tomar, para chegar à restauração dos laços de fraternidade na "família humana, comunidade de paz",[24] reconciliada com Deus por Jesus Cristo. A justiça não é desencar-

---

[23] Bento XVI, *Discurso à Cúria Romana por ocasião da apresentação dos votos de Natal* (21 de dezembro de 2009): *AAS* 102 (2010), 35.

[24] Bento XVI, *Mensagem para o Dia Mundial da Paz de 2008*: *AAS* 100 (2008), 38-45.

nada; está necessariamente ancorada na coerência humana. Uma caridade que não respeite a justiça e o direito de todos é falsa. Por isso, encorajo os cristãos a tornarem-se modelos em matéria de justiça e caridade (cf. *Mt* 5,19-20).

A. *"Reconciliai-vos com Deus" (2Cor 5,20)*

19. "A reconciliação é um conceito pré-político e uma realidade pré-política, que, por isso mesmo, se revela da máxima importância para a própria tarefa política. Se não se criar nos corações a força da reconciliação, falta o pressuposto interior para o compromisso político pela paz. No Sínodo, os Pastores da Igreja comprometeram-se em prol daquela purificação interior do homem que constitui a condição preliminar essencial para a edificação da justiça e da paz. Mas esta purificação e maturação interior rumo a uma verdadeira humanidade não podem existir sem Deus".[25]

20. Com efeito, é a graça de Deus que nos dá um coração novo e nos reconcilia com Ele e com os outros.[26] Foi Cristo que restabeleceu a humanidade no amor do Pai. Consequentemente, a reconciliação tem a sua fonte neste amor; nasce da iniciativa que o

---

[25] Bento XVI, *Discurso à Cúria Romana por ocasião da apresentação dos votos de Natal* (21 de dezembro de 2009): *AAS* 102 (2010), 37.

[26] Cf. *Propositio* 5.

Pai tomou de renovar a relação com a humanidade, relação rompida com o pecado do homem. Em Jesus Cristo, "na sua vida e no seu ministério, mas especialmente na sua morte e ressurreição, o apóstolo Paulo viu Deus Pai que reconcilia o mundo (todas as coisas no céu e na terra) consigo mesmo, cancelando os pecados dos homens (cf. *2Cor* 5,19; *Rm* 5,10, *Cl* 1,21-22). O Apóstolo viu Deus reconciliar consigo mesmo judeus e gentios, formando dos dois povos um só corpo através da cruz (cf. *Ef* 2,15; 3,6). Deste modo, a experiência da reconciliação estabelece a comunhão a dois níveis: por um lado, a comunhão entre Deus e os homens e, por outro, dado que a referida experiência faz de nós (humanidade reconciliada) também 'embaixadores da reconciliação', ela restabelece igualmente a comunhão entre os homens".[27] Portanto "a reconciliação não se limita ao desígnio que Deus tem de reconduzir a Si, em Cristo, a humanidade alienada e pecadora, através do perdão dos pecados e por meio do amor. É também a restauração das relações entre as pessoas mediante a harmonização das diferenças e a supressão dos obstáculos ao seu relacionamento através da experiência do amor de Deus".[28] Bem o ilustra a parábola do

---

[27] II Assembleia Especial para a África do Sínodo dos Bispos, *Relação do Cardeal Turkson antes do debate geral* (5 de outubro de 2009) II,a: *L'Osservatore Romano* (ed. port. de 10/X/2009), 16.

[28] *Ibid.*, II,a: *o.c.*, 16.

filho pródigo quando o evangelista nos apresenta, no regresso do filho mais novo, isto é, na sua conversão, a necessidade de se reconciliar, por um lado, com seu pai e, por outro, com seu irmão mais velho graças à mediação do pai (cf. *Lc* 15,11-32). Testemunhos comovedores de fiéis africanos, "testemunhos concretos de sofrimento e de reconciliação nas tragédias da história recente do continente",[29] mostraram a força do Espírito que transforma os corações das vítimas e dos seus verdugos para restabelecer a fraternidade.[30]

21. De fato, só uma autêntica reconciliação gera uma paz duradoura na sociedade. Seus protagonistas são, sem dúvida, as autoridades governamentais e os chefes tradicionais, mas são-no igualmente os simples cidadãos. Depois de um conflito, a reconciliação muitas vezes conduzida e efetuada no silêncio e com discrição restaura a união dos corações e a serena convivência. Graças a ela, depois de longos períodos de guerra, as nações reencontram a paz, as sociedades profundamente feridas pela guerra civil ou pelo genocídio reconstroem a sua unidade. Foi

---

[29] Bento XVI, *Discurso à Cúria Romana por ocasião da apresentação dos votos de Natal* (21 de dezembro de 2009): *AAS* 102 (2010), 35.

[30] Cf. Bento XVI, *Homilia na Missa de encerramento da Segunda Assembleia Especial para a África do Sínodo dos Bispos* (25 de outubro de 2009): *AAS* 101 (2009), 916.

oferecendo e acolhendo o perdão[31] que as memórias feridas das pessoas ou das comunidades se puderam curar, e as famílias outrora divididas reencontraram a harmonia. Como fizeram questão de sublinhar os Padres do Sínodo, "a reconciliação supera as crises, restaura a dignidade das pessoas e abre o caminho ao progresso e à paz duradoura entre os povos, a todos os níveis".[32]

Esta reconciliação, para se tornar efetiva, deverá ser acompanhada por um ato corajoso e honesto: a busca dos responsáveis destes conflitos, daqueles que financiaram os crimes e se dedicam a todo o tipo de tráficos, e a determinação das suas responsabilidades. As vítimas têm direito à verdade e à justiça. É importante no presente e para o futuro purificar a memória, a fim de construir uma sociedade melhor, onde nunca mais se repitam semelhantes tragédias.

B. Tornar-se justo e construir uma ordem social justa

22. A construção duma ordem social justa compete, sem dúvida, à esfera política.[33] Entretanto,

---

[31] Cf. João Paulo II, *Mensagem para o Dia Mundial da Paz de 1997*, n. 1: *AAS* 89 (1997), 1.

[32] *Propositio* 5.

[33] Cf. Bento XVI, Carta enc. *Deus caritas est* (25 de dezembro de 2005), 28: *AAS* 98 (2006), 238-240.

uma das tarefas da Igreja na África é formar consciências retas e sensíveis às exigências da justiça, para que maturem mulheres e homens solícitos e capazes de realizar esta ordem social justa com a sua conduta responsável. O modelo por excelência, a partir do qual a Igreja pensa e raciocina e que propõe a todos, é Cristo.[34] Segundo a sua doutrina social, "a Igreja não tem soluções técnicas para oferecer e não pretende 'de modo algum imiscuir-se na política dos Estados'; mas tem uma missão ao serviço da verdade para cumprir [...], uma missão irrenunciável. A sua doutrina social é um momento singular deste anúncio: é serviço à verdade que liberta".[35]

23. Graças às Comissões "Justiça e Paz", a Igreja está comprometida na formação cívica dos cidadãos e no acompanhamento dos processos eleitorais em diversos países. Contribui assim para a educação das populações e para o despertar da sua consciência e da sua responsabilidade civil. Esta peculiar função educativa é apreciada por um grande número de países que reconhecem a Igreja como artífice de paz, agente de reconciliação e arauto da justiça. Mas convém não esquecer jamais que a

---

[34] Cf. *Propositio* 14.

[35] Bento XVI, Carta enc. *Caritas in veritate* (29 de junho de 2009), 9: *AAS* 101 (2009), 646-647.

missão da Igreja, embora distinguindo o papel dos Pastores daquele que têm os fiéis leigos, não é de ordem política.[36] A sua função é educar o mundo para o sentido religioso, proclamando Jesus Cristo. A Igreja quer ser o sinal e a salvaguarda da transcendência da pessoa humana. Deve igualmente educar os homens para a busca da verdade suprema a respeito do seu ser e das suas questões, a fim de encontrar soluções justas para os seus problemas.[37]

1. Viver da justiça de Cristo

24. No plano social, a consciência humana é interpelada por graves injustiças presentes no nosso mundo em geral, e no seio da África em particular. O açambarcamento dos bens da terra por uma minoria em detrimento de povos inteiros é inaceitável porque imoral. A justiça obriga a "dar o seu a seu dono – *ius suum unicuique tribuere*".[38] Trata-se, portanto, de fazer justiça aos povos. A África é capaz de garantir a todos os indivíduos e

---

[36] Cf. Bento XVI, Carta enc. *Deus caritas est* (25 de dezembro de 2005), 28-29: *AAS* 98 (2006), 238-240; Comissão Teológica Internacional, *Algumas questões sobre a Teologia da Redenção* (29 de novembro de 1994), 14-20: *Enchiridion Vaticanum*, 14, 1844-1850.

[37] Cf. Conc. Ecum. Vat. II, Const. past. sobre a Igreja no mundo contemporâneo *Gaudium et spes*, 40; Pont. Cons. "Justiça e Paz", *Compêndio da Doutrina Social da Igreja*, 49-51.

[38] Cf. São Tomás de Aquino, *Summa theologiae*, IIa-IIae, q. 58, a.1.

nações do continente as condições basilares que lhes permitam participar no desenvolvimento.[39] Deste modo, os africanos poderão colocar os talentos e as riquezas que Deus lhes deu ao serviço da sua terra e dos seus irmãos. A justiça, praticada em todas as dimensões da vida – privada e pública, econômica e social – precisa ser sustentada pela subsidiariedade e a solidariedade e, mais ainda, ser animada pela caridade. "Segundo o princípio da subsidiariedade, nem o Estado nem qualquer sociedade mais abrangente devem substituir-se à iniciativa e à responsabilidade das pessoas e dos corpos intermédios".[40] A solidariedade é garantia da justiça e da paz e, consequentemente, da unidade, de tal modo que "a abundância de uns supra a carência dos outros".[41] E a caridade, que assegura a união com Deus, ultrapassa a justiça distributiva. Porque, se "a justiça é a virtude que distribui a cada um o bem que lhe pertence [...], não é justiça do homem aquela que subtrai o homem ao verdadeiro Deus".[42]

---

[39] Cf. João Paulo II, Carta enc. *Centesimus annus* (1º de maio de 1991), 35: *AAS* 83 (1991), 837.

[40] *Catecismo da Igreja Católica*, 1894.

[41] II Assembleia Especial para a África do Sínodo dos Bispos, *Lineamenta*, 44: *L'Osservatore Romano* (ed. port. de 22/VII/2006 – Suplemento), pág. VI.

[42] Santo Agostinho, *De civitate Dei*, 19, 21: *PL* 41, 649.

25. O próprio Deus nos mostra a verdadeira justiça, quando, por exemplo, vemos Jesus entrar na vida de Zaqueu e, deste modo, oferecer ao pecador a graça da sua presença (cf. *Lc* 19,1-10). E qual é então esta justiça de Cristo? As testemunhas daquele encontro com Zaqueu observam Jesus (cf. *Lc* 19,7); a sua murmuração desabonatória pretende ser uma expressão do *amor pela justiça*. Elas, porém, ignoram *a justiça do amor* que vai até ao extremo de tomar sobre si a "maldição" devida aos homens, para estes receberem, em troca, a "bênção" que é o dom de Deus (cf. *Gl* 3,13-14). A justiça divina oferece à justiça humana, sempre limitada e imperfeita, o horizonte para onde deve tender a fim de se realizar plenamente. Além disso, faz-nos tomar consciência da nossa indigência, da necessidade do perdão e da amizade de Deus. É aquilo que vivemos nos sacramentos da Penitência e da Eucaristia, que derivam da ação de Cristo. Esta ação introduz-nos numa justiça em que recebemos muito mais do que poderíamos legitimamente esperar, porque, em Cristo, a caridade é o cumprimento da Lei (cf. *Rm* 13,8-10).[43] Por intermédio de Cristo, modelo único, o justo é convidado a entrar na ordem do amor-*agape*.

---

[43] Cf. Bento XVI, *Mensagem para a Quaresma de 2010* (30 de outubro de 2009): *L'Osservatore Romano* (ed. port. de 06/II/2010), 3.

2. Criar uma ordem justa na lógica das Bem-aventuranças

26. Unido ao seu Mestre, o discípulo de Cristo deve contribuir para formar uma sociedade justa, onde todos possam participar ativamente com os seus talentos na vida social e econômica. Poderão assim ganhar o que lhes é necessário para viverem de acordo com a sua dignidade humana, numa sociedade onde a justiça será vivificada pelo amor.[44] Cristo não propôs uma revolução de tipo social ou político, mas a do amor, realizada no dom total de Si mesmo com a sua morte na cruz e a sua ressurreição. É sobre esta revolução do amor que se baseiam as Bem-aventuranças (cf. *Mt* 5,3-10). Estas proporcionam um novo horizonte de justiça inaugurado no mistério pascal e em virtude do qual nos podemos tornar justos e construir um mundo melhor. A justiça de Deus, que as Bem-aventuranças nos revelam, eleva os humildes e derruba os que se exaltam. Na verdade, aquela só alcançará a sua perfeição no Reino de Deus que se realizará no fim dos tempos; mas a justiça de Deus manifesta-se já agora, quando os pobres são consolados e admitidos ao banquete da vida.

---

[44] Cf. *ibid.*: *o.c.*, 3.

27. Segundo a lógica das Bem-aventuranças, deve ser dada uma atenção preferencial ao pobre, ao faminto, ao doente – por exemplo, com a aids, a tuberculose ou a malária –, ao estrangeiro, ao oprimido, ao prisioneiro, ao emigrante desprezado, ao refugiado ou ao deslocado (cf. *Mt* 25,31-46). A resposta às suas necessidades, na justiça e na caridade, depende de todos. A África espera esta solicitude da família humana inteira, e também de si mesma.[45] Entretanto deverá, decididamente, começar por introduzir no seu próprio seio a justiça política, social e administrativa, elementos da cultura política necessária para o desenvolvimento e a paz. A Igreja, por sua vez, prestará a sua contribuição específica, apoiando-se na doutrina das Bem-aventuranças.

C. O amor na verdade: fonte de paz

28. A perspectiva social, proposta pelo agir de Cristo fundado no amor, transcende o mínimo que a justiça humana exige, ou seja, dar ao outro o que lhe é devido. A lógica interna do amor supera esta justiça, chegando ao ponto de dar o que se possui:[46] "Não amemos com palavras nem com a boca, mas

---

[45] Cf. *Propositio* 17.

[46] Cf. Bento XVI, Carta enc. *Caritas in veritate* (29 de junho de 2009), 6: *AAS* 101 (2009), 644.

com obras e com verdade" (*1Jo* 3,18). À semelhança do seu Mestre, o discípulo de Cristo irá ainda mais longe, chegando ao dom de si mesmo pelos irmãos (cf. *1Jo* 3,16). É o preço da paz autêntica em Deus (cf. *Ef* 2,14).

1. Serviço fraterno concreto

29. Nenhuma sociedade, mesmo desenvolvida, pode prescindir do serviço fraterno animado pelo amor. "Quem quer desfazer-se do amor, prepara-se para se desfazer do homem enquanto homem. Sempre haverá sofrimento que necessita de consolação e ajuda. Haverá sempre solidão. Existirão sempre também situações de necessidade material, para as quais é indispensável uma ajuda na linha de um amor concreto ao próximo".[47] É o amor que acalma os corações feridos, sós, abandonados; é o amor que gera a paz ou a restabelece no coração humano, e a instaura entre os homens.

2. A Igreja como uma sentinela

30. Na situação atual da África, a Igreja é chamada a fazer ouvir a voz de Cristo. A sua vontade é dar seguimento à recomendação de Jesus

---

[47] Bento XVI, Carta enc. *Deus caritas est* (25 de dezembro de 2005), 28: *AAS* 98 (2006), 240.

a Nicodemos, que se interrogava sobre a possibilidade de nascer de novo: "Vós tendes de nascer do alto" (*Jo* 3,7). Os missionários propuseram aos africanos este novo nascimento "da água e do Espírito" (*Jo* 3,5), uma Boa Notícia que toda a pessoa tem o direito de ouvir, para poder realizar plenamente a sua vocação.[48] A Igreja na África vive desta herança; por causa de Cristo e fiel à sua lição de vida, ela sente-se impelida a estar presente nas situações onde a humanidade conhece o sofrimento e fazer-se eco do grito silencioso dos inocentes perseguidos ou dos povos cujos governantes, em nome de interesses pessoais, hipotecam o presente e o futuro.[49] Com a sua capacidade de reconhecer o rosto de Cristo no da criança, do doente, do atribulado ou do necessitado, a Igreja contribui para forjar, lenta mas solidamente, a nova África. Na sua função profética, sempre que os povos lhe bradam: "Sentinela, quanto resta da noite?" (*Is* 21,11), a Igreja quer estar pronta para dar razão da esperança que traz em si (cf. *1Pd* 3,15), porque uma nova alvorada surge no horizonte (cf. *Ap* 22,5). Só

---

[48] Cf. Paulo VI, Exort. ap. *Evangelii nuntiandi* (8 de dezembro de 1975), 53.80: *AAS* 68 (1976), 41-42.73-74; João Paulo II, Carta enc. *Redemptoris missio* (7 de dezembro de 1990), 46: *AAS* 83 (1991), 293.

[49] Cf. II Assembleia Especial para a África do Sínodo dos Bispos, *Mensagem Final* (23 de outubro de 2009), 36: *L'Osservatore Romano* (ed. port. de 31/X/2009), 9.

a recusa da desumanização do homem e da abdicação com medo da prova ou do martírio servirá a causa do Evangelho da verdade. "No mundo – diz Cristo –, tereis tribulações; mas, tende confiança: Eu já venci o mundo" (*Jo* 16,33). A paz autêntica vem de Cristo (cf. *Jo* 14,27). Mas não é comparável à paz do mundo: não é fruto de negociações e de acordos diplomáticos fundados sobre interesses; é a paz da humanidade reconciliada consigo mesma em Deus, e cujo sacramento é a Igreja.[50]

---

[50] Cf. Conc. Ecum. Vat. II, Const. dogm. sobre a Igreja *Lumen gentium*, 1.

Capítulo II

OS CANTEIROS PARA A CONSTRUÇÃO DA RECONCILIAÇÃO, DA JUSTIÇA E DA PAZ

31. Queria agora indicar alguns canteiros de obras que os Padres sinodais identificaram para a missão atual da Igreja, na sua solicitude por ajudar a África a emancipar-se das forças que a paralisam. Porventura Cristo não começou por dizer ao paralítico: "Os teus pecados estão perdoados"; e depois: "Levanta-te!" (*Lc* 5,20.24)?

I. A atenção à pessoa humana

A. *A metanoia: uma autêntica conversão*

32. A maior preocupação dos membros do Sínodo, relativamente à situação do continente, foi ver como colocar no coração dos africanos, que são discípulos de Cristo, a vontade de se comprometerem efetivamente a viver o Evangelho na sua existência e na sociedade. Cristo chama constante-

mente à *metanoia*, à conversão.[51] Os cristãos estão sob o influxo do espírito e dos hábitos do seu tempo e do seu ambiente; mas, pela graça do seu Batismo, são convidados a renunciar às tendências nocivas imperantes e a caminhar contra a corrente. Um tal testemunho exige um decidido compromisso por "uma conversão contínua ao Pai, fonte de toda a vida verdadeira, o único capaz de nos libertar do mal e de toda a tentação e de nos conservar no seu Espírito, mesmo no meio do combate contra as forças do mal".[52] Esta conversão só é possível apoiando-se sobre convicções de fé consolidadas por uma catequese autêntica; por isso convém "manter viva a passagem do catecismo memorizado à catequese vivida, para chegar a uma conversão profunda e permanente de vida".[53] A conversão vive-se de modo particular no sacramento da Reconciliação, ao qual há que prestar uma singular atenção para fazer dele uma verdadeira "escola do coração". Nesta escola, o discípulo de Cristo vê forjar-se pouco a pouco uma vida cristã adulta, atenta às dimensões teologais e morais dos seus atos, e deste modo torna-se

---

[51] Cf. Congr. para a Doutrina da Fé, *Nota doutrinal sobre alguns aspectos da Evangelização* (3 de dezembro de 2007), 9: *AAS* 100 (2008), 497-498.

[52] II Assembleia Especial para a África do Sínodo dos Bispos, *Lineamenta*, 48: *L'Osservatore Romano* (ed. port. de 22/VII/2006 – Suplemento), pág. VII.

[53] *Propositio* 43.

capaz de "enfrentar as dificuldades da vida social, política, econômica e cultural",[54] através duma vida permeada pelo espírito evangélico. A contribuição dos cristãos na África só será decisiva se a inteligência da fé conduzir à inteligência da realidade.[55] Por isso, é indispensável a educação para a fé, senão Cristo não passará de um nome acrescentado às nossas teorias. A palavra e o testemunho de vida caminham lado a lado.[56] Com efeito, o simples testemunho não basta, porque "ainda o mais belo testemunho virá a demonstrar-se com o andar do tempo impotente, se não vier a ser esclarecido, justificado – aquilo que Pedro chamava dar 'a razão da própria esperança' (*1Pd* 3,15) – explicitado por um anúncio claro e inequívoco do Senhor Jesus".[57]

B. Viver a verdade do sacramento da Penitência e da Reconciliação

33. Os membros do Sínodo sublinharam ainda que um grande número de cristãos na África adota uma atitude ambígua relativamente à cele-

---

[54] *Ibid.*

[55] Cf. Bento XVI, *Discurso ao Pontifício Conselho para os Leigos* (21 de maio de 2010): *L'Osservatore Romano* (ed. port. de 29/V/2010), 5.

[56] Cf. Conc. Ecum. Vat. II, Decr. sobre a atividade missionária da Igreja *Ad gentes*, 15.

[57] Paulo VI, Exort. ap. *Evangelii nuntiandi* (8 de dezembro de 1975), 22: *AAS* 68 (1976), 20.

bração do sacramento da Reconciliação, dado que frequentemente estes mesmos cristãos são muito escrupulosos na aplicação dos ritos tradicionais de reconciliação. Para ajudar os fiéis católicos a viverem um autêntico caminho de *metanoia* na celebração deste sacramento, onde a mentalidade inteira se orienta novamente para o encontro com Cristo,[58] seria bom que os bispos fizessem estudar seriamente as cerimônias tradicionais africanas de reconciliação para avaliar os seus aspectos positivos e os seus limites. De fato, estas mediações pedagógicas tradicionais[59] não podem, em caso algum, substituir o sacramento; a Exortação apostólica pós-sinodal *Reconciliatio et Pænitentia*, do Beato João Paulo II, recordou claramente quais são as formas e o ministro do sacramento da Penitência e da Reconciliação.[60] As mediações pedagógicas tradicionais podem apenas contribuir para reduzir a dilaceração sentida e vivida por alguns fiéis, ajudando-os a abrir-se com maior profundidade e verdade a Cristo, o Único grande Mediador, para receberem a graça do sacramento da Penitência. Celebrado na fé, este sacramento é suficiente para

---

[58] Cf. *Propositio* 9.

[59] Cf. *Propositio* 8.

[60] Cf. nn. 28-34: *AAS* 77 (1985), 250-273. Esta doutrina foi confirmada pela Carta apostólica sob forma de Motu proprio *Misericordia Dei* (2 de maio de 2002): *AAS* 94 (2002), 452-459.

nos reconciliar com Deus e com o próximo.[61] No fim de contas, é Deus que, em seu Filho, nos reconcilia consigo e com os outros.

C. Uma espiritualidade de comunhão

34. A reconciliação não é um ato isolado, mas um longo processo em virtude do qual cada um se vê restabelecido no amor; um amor que cura por ação da Palavra de Deus. Deste modo, a reconciliação torna-se uma maneira de viver e, ao mesmo tempo, uma missão. A Igreja, para chegar a uma verdadeira reconciliação e, através da reconciliação, praticar a espiritualidade de comunhão, precisa de testemunhas que estejam profundamente radicadas em Cristo e se alimentem da sua Palavra e dos Sacramentos. Tendendo assim para a santidade, estas testemunhas serão capazes de se comprometer na obra de comunhão da Família de Deus, comunicando ao mundo – até ao martírio, se for preciso – o espírito de reconciliação, de justiça e de paz, a exemplo de Cristo.

35. Queria recordar aqui as condições para uma espiritualidade de comunhão que o Papa João Paulo II propusera à Igreja inteira: ser capaz de perceber a luz do mistério da Trindade no rosto

---

[61] Cf. *Propositio* 7.

dos irmãos que estão ao nosso redor;[62] mostrar-se solícito com o "irmão de fé na unidade profunda do Corpo místico, isto é, como 'um que faz parte de mim', para saber partilhar as suas alegrias e os seus sofrimentos, para intuir os seus anseios e dar remédio às suas necessidades, para oferecer-lhe uma verdadeira e profunda amizade";[63] conseguir também reconhecer o que há de positivo no outro, para o acolher e valorizar como um dom que Deus me concede através daquele que o recebeu para proveito comum, tornando-se assim um administrador das graças divinas; enfim, "saber 'criar espaço' para o irmão, levando 'os fardos uns dos outros' (*Gl* 6,2) e rejeitando as tentações egoístas que sempre nos insidiam e geram competição, arrivismo, suspeitas, ciúmes".[64]

Deste modo amadurecem homens e mulheres de fé e comunhão, que dão provas de coragem na verdade e na abnegação e irradiam a alegria. Assim testemunham profeticamente uma vida coerente com a sua fé. Maria, Mãe da Igreja, que soube acolher a Palavra de Deus, é o seu modelo: através da escuta da Palavra, Ela soube perceber as

---

[62] Cf. Carta ap. *Novo millennio ineunte* (6 de janeiro de 2001), 43: *AAS* 93 (2001), 297.

[63] *Ibid.*, 43: *o.c.*, 297.

[64] *Ibid.*, 43: *o.c.*, 297.

necessidades dos homens e, movida de compaixão, interceder por eles.[65]

D. A inculturação do Evangelho e a evangelização da cultura

36. Para realizar esta comunhão, seria bom retomar o estudo profundo das tradições e culturas africanas, uma necessidade já evocada durante a primeira Assembleia Sinodal para a África. Os membros do Sínodo constataram a existência duma dicotomia entre certas práticas tradicionais das culturas africanas e as exigências específicas da mensagem de Cristo. A preocupação com a sua pertinência e credibilidade impõe à Igreja um discernimento aprofundado para identificar tanto os aspectos da cultura que são de obstáculo à encarnação dos valores do Evangelho, como aqueles que os promovem.[66]

37. Entretanto, convém não esquecer que o autêntico protagonista da inculturação é o Espírito Santo. É Ele que "preside de modo fecundo ao diálogo entre a Palavra de Deus, que se revelou em Cristo, e as solicitações mais profundas que brotam da multiplicidade das pessoas e das culturas. Continua assim, na história, o evento do Pentecostes que

---

[65] Cf. *Propositio* 9.
[66] Cf. *Propositio* 33.

se enriquece através da diversidade das linguagens e das culturas na unidade duma única e mesma fé".[67] O Espírito Santo faz com que o Evangelho seja capaz de impregnar todas as culturas, sem se deixar subjugar por nenhuma.[68] Os bispos terão a peito vigiar sobre esta exigência de inculturação no respeito das normas estabelecidas pela Igreja. Discernir os elementos culturais e as tradições que são contrários ao Evangelho tornará possível separar o trigo bom do joio (cf. *Mt* 13,26). Assim, o cristianismo, embora permanecendo plenamente o que é, na fidelidade absoluta ao anúncio evangélico e à tradição eclesial, revestirá a fisionomia de inumeráveis culturas e dos povos onde for acolhido e lançar raízes. Então a Igreja tornar-se-á um ícone do futuro que o Espírito de Deus nos prepara,[69] ícone para o qual a África dará a sua própria contribuição. Nesta atividade de inculturação, convém não esquecer a tarefa – também esta essencial – da evangelização do mundo da cultura contemporânea africana.

---

[67] Congr. para a Doutrina da Fé, *Nota doutrinal sobre alguns aspectos da Evangelização* (3 de dezembro de 2007), 6: *AAS* 100 (2008), 494.

[68] Cf. Paulo VI, Exort. ap. *Evangelii nuntiandi* (8 de dezembro de 1975), 19-20: *AAS* 68 (1976), 18-19.

[69] Cf. João Paulo II, Carta ap. *Novo millennio ineunte* (6 de janeiro de 2001), 40: *AAS* 93 (2001), 295.

38. São conhecidas as iniciativas da Igreja em prol da avaliação positiva e salvaguarda das culturas africanas. É muito importante continuar este serviço, dado que a amálgama dos povos, apesar de constituir um enriquecimento, frequentemente debilita as culturas e as sociedades. A identidade das comunidades africanas joga-se nestes encontros entre culturas. Por isso é necessário esforçar-se por transmitir os valores que o Criador inscreveu nos corações dos africanos desde tempos imemoriais. Aqueles serviram de matriz para modelar sociedades que se desenvolvem segundo uma determinada harmonia, porque contêm em si mesmas modos tradicionais de regulação para uma pacífica convivência. Trata-se, pois, de valorizar estes elementos positivos, iluminando-os a partir de dentro (cf. *Jo* 8,12), para que o cristão seja efetivamente atingido pela mensagem de Cristo e, deste modo, a luz de Deus possa brilhar aos olhos dos homens. Então, vendo as boas obras dos cristãos, os homens e as mulheres poderão glorificar "o Pai, que está nos céus" (*Mt* 5,16).

E. O dom de Cristo: a Eucaristia e a Palavra de Deus

39. Ultrapassando diferenças de origem ou de cultura, o grande desafio que nos espera a todos é discernir, na pessoa humana amada por Deus, o

fundamento duma comunhão que respeite e integre as contribuições particulares das diversas culturas.[70] "Devemos abrir realmente estas fronteiras entre tribos, etnias, religiões à universalidade do amor de Deus".[71] Homens e mulheres diversos por origem, cultura, língua ou religião podem viver juntos harmoniosamente.

40. Com efeito, o Filho de Deus colocou a sua tenda no meio de nós; derramou o seu Sangue por nós. De acordo com a sua promessa de permanecer conosco até ao fim dos tempos (cf. *Mt* 28,20), cada dia dá-Se a nós como alimento na Eucaristia e na Sagrada Escritura. Como escrevi na Exortação apostólica pós-sinodal *Verbum Domini*, "Palavra e Eucaristia correspondem-se tão intimamente que não podem ser compreendidas uma sem a outra: a Palavra de Deus faz-Se carne, sacramentalmente, no evento eucarístico. A Eucaristia abre-nos à inteligência da Sagrada Escritura, como esta, por sua vez, ilumina e explica o mistério eucarístico".[72]

41. Na realidade, a Sagrada Escritura atesta que, através do Batismo, o Sangue derramado por

---

[70] Cf. *Propositio* 32.

[71] Bento XVI, *Meditação durante a Hora Tércia ao início dos trabalhos da II Assembleia Especial para a África do Sínodo dos Bispos* (5 de outubro de 2009): *AAS* 101 (2009), 924.

[72] N. 55: *AAS* 102 (2010), 734-735.

Cristo torna-se início e vínculo duma nova fraternidade. Esta situa-se no polo oposto da divisão, do tribalismo, do racismo, do etnocentrismo (cf. *Gl* 3,26-28). A Eucaristia é a força que congrega os filhos de Deus dispersos e os mantém em comunhão,[73] "dado que, nas nossas veias, circula o mesmo Sangue de Cristo, que faz de nós filhos de Deus, membros da Família de Deus".[74] Tendo recebido Jesus na Eucaristia e na Sagrada Escritura, somos enviados ao mundo para lhe oferecer Cristo colocando-nos ao serviço dos outros (cf. *Jo* 13,15; *1Jo* 3,16).[75]

II. Viver unidos

A. A família

42. A família é o "santuário da vida" e célula vital da sociedade e da Igreja. É nela que "se plasma o rosto de um povo; é nela que os seus membros adquirem os ensinamentos fundamentais. Nela aprendem a amar, enquanto são amados gratuitamente; aprendem o respeito por qualquer outra pessoa,

---

[73] Cf. *Propositio* 45.

[74] Bento XVI, *Discurso ao Conselho Especial para a África do Sínodo dos Bispos* (Yaoundé, 19 de março de 2009): *AAS* 101 (2009), 313.

[75] Cf. Bento XVI, Exort. ap. pós-sinodal *Sacramentum caritatis* (22 de fevereiro de 2007), 51: *AAS* 99 (2007), 144.

enquanto são respeitados; aprendem a conhecer o rosto de Deus, enquanto recebem a sua primeira revelação de um pai e de uma mãe cheios de atenção. Sempre que falham estas experiências basilares, a sociedade no seu conjunto sofre violência e torna-se, por sua vez, geradora de múltiplas violências".[76]

43. A família é, sem dúvida, o lugar propício para a aprendizagem e a prática da cultura do perdão, da paz e da reconciliação. "Numa vida familiar sã, experimentam-se algumas componentes fundamentais da paz: a justiça e o amor entre irmãos e irmãs, a função da autoridade manifestada pelos pais, o serviço carinhoso aos membros mais débeis porque pequenos, doentes ou idosos, a mútua ajuda nas necessidades da vida, a disponibilidade para acolher o outro e, se necessário, perdoá-lo. Por isso a família é a primeira e insubstituível educadora para a paz".[77] Em virtude desta sua importância capital e das ameaças que gravam sobre a instituição – a distorção do conceito de matrimônio e mesmo de família, a desvalorização da maternidade e a banalização do aborto, a facilitação do divórcio e

---

[76] Congr. para a Doutrina da Fé, *Carta aos Bispos da Igreja Católica sobre a colaboração do homem e da mulher na Igreja e no mundo* (31 de maio de 2004), 13: *AAS* 96 (2004), 682.

[77] Bento XVI, *Mensagem para o Dia Mundial da Paz de 2008*, n. 3: *AAS* 100 (2008), 38-39.

o relativismo duma "nova ética" –, a família precisa de ser protegida e defendida,[78] para poder prestar à sociedade o serviço que dela se espera, isto é, dar--lhe homens e mulheres capazes de construir um tecido social de paz e harmonia.

44. Por isso, encorajo vivamente as famílias a haurirem inspiração e força no sacramento da Eucaristia, para viver a novidade radical trazida por Cristo ao coração das condições comuns da existência; novidade que leva cada pessoa a ser uma testemunha capaz de irradiar luz no seu ambiente de trabalho e na sociedade inteira. "O amor entre o homem e a mulher, o acolhimento da vida, a missão educadora aparecem como âmbitos privilegiados onde a Eucaristia pode mostrar a sua capacidade de transformar e encher de significado a existência".[79] Vê-se claramente que a participação na Eucaristia dominical é exigida pela consciência cristã e, ao mesmo tempo, forma-a.[80]

45. Aliás, reservar na família o lugar devido à oração, pessoal e comunitária, significa respeitar um princípio essencial da visão cristã da vida: o

---

[78] Cf. *Propositio* 38.

[79] Bento XVI, Exort. ap. pós-sinodal *Sacramentum caritatis* (22 de fevereiro de 2007), 79: *AAS* 99 (2007), 165-166.

[80] Cf. *ibid*., 73: *o.c.*, 162.

primado da graça. A oração recorda-nos constantemente o primado de Cristo e, relacionado com ele, o primado da vida interior e da santidade. O diálogo com Deus abre o coração ao fluxo da graça e permite à Palavra de Cristo passar através de nós com toda a sua força! Para isso, é necessária, no seio das famílias, a escuta assídua e a leitura atenta da Sagrada Escritura.[81]

46. Além disso, "a missão educativa da família cristã é um verdadeiro ministério, através do qual é transmitido e irradiado o Evangelho, a tal ponto que toda a vida familiar se torna itinerário de fé e, em certa medida, iniciação cristã e escola de vida para seguir a Cristo. Na família consciente deste dom, como escreveu Paulo VI, 'todos os membros evangelizam e são evangelizados'. Em virtude deste ministério da educação, os pais, através do seu testemunho de vida, são os primeiros anunciadores do Evangelho junto dos seus filhos [...]. Tornam-se plenamente pais, no sentido que geram não só para a vida segundo a carne mas também para aquela que, através do renascimento no Espírito, brota da Cruz e da Ressurreição de Cristo".[82]

---

[81] Cf. João Paulo II, Carta ap. *Novo millennio ineunte* (6 de janeiro de 2001), 38-39: *AAS* 93 (2001), 293-294.

[82] João Paulo II, Exort. ap. pós-sinodal *Familiaris consortio* (22 de novembro de 1981), 39: *AAS* 74 (1982), 130-131; cf. Paulo VI, Exort. ap.

B. As pessoas idosas

47. Na África, as pessoas idosas são rodeadas duma veneração particular. Não são banidas das famílias ou marginalizadas, como sucede noutras culturas; pelo contrário, são estimadas e perfeitamente integradas na sua própria família, da qual constituem o vértice. Esta bela realidade africana deveria inspirar as sociedades ocidentais para acolherem a velhice com maior dignidade. A Sagrada Escritura fala, com frequência, das pessoas idosas. "A experiência consumada é coroa dos anciãos, e o temor do Senhor é a sua glória" (*Sir* 25,6). A velhice, apesar da fragilidade que parece caracterizá-la, é um dom que convém viver diariamente na serena disponibilidade para com Deus e o próximo. É também o tempo da sabedoria, porque o tempo vivido ensinou a grandeza e a precariedade da vida. E, enquanto homem de fé, o velho Simeão profere, com entusiasmo e sabedoria, não um adeus angustiado à vida mas uma ação de graças ao Salvador do mundo (cf. *Lc* 2,25-32).

48. É por causa desta sabedoria, adquirida por vezes a caro preço, que as pessoas idosas podem agir de diversas maneiras sobre a família. A sua experiência leva-as, naturalmente, não só a

---

Evangelii nuntiandi (8 de dezembro de 1975), 71: *AAS* 68 (1976), 60-61.

preencher o fosso entre as gerações mas também a afirmar a necessidade da interdependência humana. São um tesouro para todos os componentes da família, sobretudo para os casais jovens e os filhos que neles encontram compreensão e amor. Não tendo transmitido apenas a vida, as pessoas idosas contribuem, pelo seu comportamento, para consolidar a sua família (cf. *Tt* 2,2-5) e, pela sua oração e vida de fé, para enriquecer espiritualmente todos os membros da sua família e da comunidade.

49. Na África, muitas vezes a estabilidade e a ordem social estão ainda confiadas a um conselho de anciãos ou a chefes tradicionais. Através destas formas, as pessoas idosas podem contribuir de maneira eficaz para a edificação duma sociedade mais justa que progride, não em virtude de experiências talvez temerárias, mas gradualmente e com um equilíbrio prudente. As pessoas idosas poderão assim, pela sua sabedoria e experiência, participar na reconciliação das pessoas e das comunidades.

50. A Igreja considera com muita estima as pessoas idosas. Com o Beato João Paulo II, desejo reiterar-vos: "A Igreja precisa de vós. Mas também a sociedade civil tem necessidade de vós [...]. Sabei empregar com generosidade o tempo que tendes à disposição e os talentos que Deus vos concedeu [...].

Contribuí para anunciar o Evangelho [...]. Dedicai tempo e energias à oração".[83]

C. Os homens

51. Na família, os homens têm uma missão particular a cumprir. Pela sua função de maridos e pais, desempenham a nobre responsabilidade de dar à sociedade os valores de que ela tem necessidade, através da relação conjugal e da educação dos filhos.

52. Com os Padres sinodais, encorajo os homens católicos a contribuírem verdadeiramente, nas suas famílias, para a educação humana e cristã dos filhos, o acolhimento e a proteção da vida desde o momento da sua concepção.[84] Convido-os a estabelecer um estilo cristão de vida, enraizado e alicerçado no amor (cf. *Ef* 3,17). Com São Paulo, repito-lhes: "Amai as vossas mulheres, como Cristo amou a Igreja e Se entregou por ela [...]. Os maridos devem amar as suas mulheres, como o seu próprio corpo. Quem ama a sua mulher, ama-se a si mesmo. De fato, ninguém jamais odiou o seu próprio

---

[83] João Paulo II, *Homilia por ocasião do Jubileu da "Terceira Idade"* (17 de setembro de 2000), 5: *AAS* 92 (2000), 876; cf. *id.*, *Carta aos Anciãos* (1º de outubro de 1999): *AAS* 92 (2000), 186-204.

[84] Cf. II Assembleia Especial para a África do Sínodo dos Bispos, *Mensagem Final* (23 de outubro de 2009), 26: *L'Osservatore Romano* (ed. port. de 31/X/2009), 8.

corpo; pelo contrário [...] cuida dele, como Cristo faz à Igreja" (*Ef* 5,25.28-29). Não tenhais medo de tornar visível e palpável que não há amor maior do que dar a própria vida por aqueles que se ama (cf. *Jo* 15,13), isto é, em primeiro lugar a sua esposa e os seus filhos. Cultivai uma alegria serena no vosso lar! O matrimônio – dizia São Fulgêncio de Ruspas[85] – é um "dom do Senhor". O testemunho por vós prestado à dignidade inviolável de cada pessoa humana será um antídoto eficaz para lutar contra algumas práticas tradicionais que são contrárias ao Evangelho e que oprimem particularmente as mulheres.

53. Manifestando e vivendo na terra a própria paternidade de Deus (cf. *Ef* 3,15), sois chamados a garantir o desenvolvimento pessoal de todos os membros da família, sendo esta o berço e o meio mais eficaz para humanizar a sociedade, o lugar de encontro de várias gerações.[86] Por meio da dinâmica criadora da própria Palavra de Deus,[87] cresça o vosso sentido da responsabilidade até vos empenhardes concretamente na Igreja. Esta tem necessidade de testemunhas convictas e eficazes

---

[85] *Epistula* 1, 11: *PL* 65, 306C.

[86] Cf. João Paulo II, Exort. ap. pós-sinodal *Familiaris consortio* (22 de novembro de 1981), 25.43: *AAS* 74 (1982), 110-111.134-135.

[87] Cf. *Propositio* 45.

da fé, que promovam a reconciliação, a justiça e a paz[88] e prestem a sua contribuição entusiasta e corajosa para a transformação do ambiente de vida e da sociedade no seu conjunto. Vós sois estas testemunhas através do vosso trabalho, que permite assegurar regularmente a vossa subsistência e a da vossa família. Mais ainda, oferecendo a Deus este trabalho, sois associados à obra redentora de Jesus Cristo, que conferiu ao trabalho uma dignidade sublime, trabalhando com as suas próprias mãos em Nazaré.[89]

54. A qualidade e a capacidade de irradiação da vossa vida cristã dependem duma vida de oração profunda, alimentada pela Palavra de Deus e pelos Sacramentos. Por isso, sede cuidadosos em manter viva esta dimensão essencial do vosso compromisso cristão; nela, encontram a fonte do seu dinamismo o vosso testemunho de fé nas tarefas diárias e a vossa participação nos movimentos eclesiais. Procedendo assim, tornar-vos-eis também exemplos que os jovens quererão imitar e, deste modo, podeis ajudá-los a entrar numa vida adulta responsável. Não tenhais

---

[88] Cf. II Assembleia Especial para a África do Sínodo dos Bispos, *Mensagem Final* (23 de outubro de 2009), 26: *L'Osservatore Romano* (ed. port. de 31/X/2009), 8.

[89] Cf. Conc. Ecum. Vat. II, Const. past. sobre a Igreja no mundo contemporâneo *Gaudium et spes*, 67.

medo de lhes falar de Deus e de os introduzir, com o vosso exemplo, na vida de fé e no compromisso com as atividades sociais ou caritativas, levando-os a descobrir verdadeiramente que são criados à imagem e semelhança de Deus: "Os sinais desta imagem divina no homem podem ser reconhecidos, não na forma do corpo que se corrompe, mas na prudência da inteligência, na justiça, na moderação, na coragem, na sabedoria e na instrução".[90]

D. As mulheres

55. Na África, as mulheres prestam um grande contributo à família, à sociedade e à Igreja com os seus numerosos talentos e os seus dons insubstituíveis. Como dizia João Paulo II, "a mulher é aquela na qual a ordem do amor no mundo criado das pessoas encontra um terreno para deitar a sua primeira raiz".[91] A Igreja e a sociedade precisam que as mulheres ocupem o lugar todo que lhes compete no mundo, "para o ser humano poder viver nele sem se desumanizar totalmente".[92]

---

[90] Orígenes, *Tratado dos Princípios*, IV, 4, 10: *SC* 268 (1980), 427.

[91] Carta ap. *Mulieris dignitatem* (15 de agosto de 1988), 29: *AAS* 80 (1988), 1722; cf. Bento XVI, *Encontro com as Associações Católicas para a Promoção da Mulher* (Luanda, 22 de março de 2009): *L'Osservatore Romano* (ed. port. de 28/III/2009), 11.

[92] Bento XVI, *Encontro com as Associações Católicas para a Promoção da Mulher* (Luanda, 22 de março de 2009): *L'Osservatore Romano* (ed. port. de 28/III/2009), 11.

56. Se é inegável que, em alguns países africanos, se realizaram progressos visando favorecer a promoção e a educação da mulher, no conjunto dos mesmos, porém, a sua dignidade, os seus direitos e também a sua contribuição essencial para a família e a sociedade ainda não são plenamente reconhecidos nem avaliados. Assim, a promoção das jovens e das mulheres muitas vezes é menos favorecida do que a dos jovens e dos homens. São ainda demasiado numerosas as práticas que humilham as mulheres e as degradam em nome de antigas tradições. Com os Padres sinodais, convido veementemente os discípulos de Cristo a combaterem todo o ato de violência contra as mulheres, denunciando-o e condenando-o.[93] A este propósito, convém que os comportamentos, no âmbito da própria Igreja, sejam um modelo para o conjunto da sociedade.

57. Por ocasião da minha visita ao solo africano, lembrei vigorosamente que é preciso "reconhecer, afirmar e defender a igual dignidade do homem e da mulher: ambos são pessoas, diversamente dos outros seres vivos do mundo que os rodeia".[94] Infelizmente, a evolução das mentalidades neste campo é exces-

---

[93] Cf. *Propositio* 47.

[94] Bento XVI, *Encontro com as Associações Católicas para a Promoção da Mulher* (Luanda, 22 de março de 2009): *L'Osservatore Romano* (ed. port. de 28/III/2009), 11.

sivamente lenta. A Igreja tem o dever de contribuir para este reconhecimento e esta libertação da mulher, seguindo o exemplo deixado por Cristo, que a valorizava (cf. *Mt* 15,21-28; *Lc* 7,36-50; 8,1-3; 10,38-42; *Jo* 4,7-42). Assim, criar para ela um espaço onde possa tomar a palavra e exprimir os seus talentos, através de iniciativas que reforcem o seu valor, a estima de si mesma e a sua especificidade, permitir-lhe-ia ocupar, na sociedade, um lugar igual ao do homem – sem confusão nem nivelamento da especificidade de cada um –, porque ambos são "imagem" do Criador (cf. *Gn* 1,27). Possam os bispos encorajar e promover a formação das mulheres, para que estas assumam "a parte que lhes cabe de responsabilidade e participação na vida comunitária da sociedade e [...] da Igreja".[95] Contribuirão assim para a humanização da sociedade.

58. Vós, mulheres católicas, inseri-vos na tradição evangélica das mulheres que davam assistência a Jesus e aos apóstolos (cf. *Lc* 8,3). Sois para as Igrejas locais como que a "espinha dorsal",[96] porque o vosso elevado número, a vossa presença ativa e as vossas

---

[95] II Assembleia Geral Ordinária do Sínodo dos Bispos, Doc. *Justitia in mundo* (30 de novembro de 1971), 45: *AAS* 63 (1971), 933; cf. João Paulo II, Exort. ap. pós-sinodal *Ecclesia in Africa* (14 de setembro de 1995), 121: *AAS* 88 (1996), 71-72.

[96] II Assembleia Especial para a África do Sínodo dos Bispos, *Mensagem Final* (23 de outubro de 2009), 25: *L'Osservatore Romano* (ed. port. de 31/X/2009), 8.

organizações são de grande apoio para o apostolado da Igreja. Quando a paz está ameaçada e a justiça é denegrida, quando cresce a pobreza, estais prontas para defender a dignidade humana, a família e os valores da religião. Possa o Espírito Santo suscitar, incessantemente, na Igreja mulheres santas e corajosas que prestem a sua valiosa contribuição espiritual para o crescimento das nossas comunidades.

59. Amadas filhas da Igreja, frequentai com constância a escola de Cristo como Maria de Betânia, para saberdes reconhecer a sua Palavra (cf. *Lc* 10,39). Instruí-vos no catecismo e na doutrina social da Igreja, para vos dotardes dos princípios que vos ajudarão a proceder como verdadeiras discípulas. Deste modo, podereis discernir melhor sobre o vosso empenhamento nos diversos projetos relativos às mulheres. Continuai a defender a vida, porque Deus vos constituiu receptáculos dela. A Igreja será sempre o vosso amparo. Ajudai as jovens com os vossos conselhos e exemplo, para que enfrentem serenamente a vida adulta. Apoiai-vos mutuamente. Tratai com veneração as mais idosas dentre vós. A Igreja conta convosco para criar uma "ecologia humana"[97] através do amor e da ternura,

---

[97] Bento XVI, *Mensagem para o Dia Mundial da Paz de 2010*, n. 11: *AAS* 102 (2010), 49; cf. *id.*, Carta enc. *Caritas in veritate* (29 de junho de 2009), 51: *AAS* 101 (2009), 687.

do acolhimento e da delicadeza, e ainda da misericórdia, valores que sabeis inculcar nos filhos e de que o mundo tem tanta necessidade. Assim, com a riqueza dos vossos dons propriamente femininos,[98] favorecereis a reconciliação dos homens e das comunidades.

E. Os jovens

60. Na África, os jovens constituem a maioria da população. Esta juventude é um dom e um tesouro de Deus, pelo qual a Igreja inteira se sente agradecida ao Senhor da vida.[99] É preciso amar esta juventude, estimá-la e respeitá-la. "Não obstante possíveis ambiguidades, sente um anseio profundo daqueles valores autênticos que têm em Cristo a sua plenitude. Porventura não é Cristo o segredo da verdadeira liberdade e da alegria profunda do coração? Não é Cristo o maior amigo e, simultaneamente, o educador de toda a amizade autêntica? Se Cristo lhes for apresentado com o seu verdadeiro rosto, os jovens reconhecem-No como resposta convincente

---

[98] Cf. João Paulo II, Carta ap. *Mulieris dignitatem* (15 de agosto de 1988), 31: *AAS* 80 (1988), 1727-1729; *id.*, *Carta às Mulheres* (29 de junho de 1995), 12: *AAS* 87 (1995), 812.

[99] Cf. II Assembleia Especial para a África do Sínodo dos Bispos, *Mensagem Final* (23 de outubro de 2009), 27-28: *L'Osservatore Romano* (ed. port. de 31/X/2009), 8.

e conseguem acolher a sua mensagem, mesmo se exigente e marcada pela Cruz".[100]

61. Pensando nos jovens, escrevi na Exortação apostólica pós-sinodal *Verbum Domini*: "Na idade da juventude, surgem de modo irreprimível e sincero as questões sobre o sentido da própria vida e sobre a direção que se deve dar à própria existência. A estas questões só Deus sabe dar verdadeira resposta. Esta solicitude pelo mundo juvenil implica a coragem de um anúncio claro; devemos ajudar os jovens a ganharem confidência e familiaridade com a Sagrada Escritura, para que seja como uma bússola que indica a estrada a seguir. Para isso, precisam de testemunhas e mestres, que caminhem com eles e os orientem para amarem e, por sua vez, comunicarem o Evangelho sobretudo aos da sua idade, tornando-se eles mesmos arautos autênticos e credíveis".[101]

62. São Bento, na sua Regra, pede ao Abade do Mosteiro que escute os mais jovens, dizendo: "Muitas vezes é a uma pessoa mais jovem que o Senhor inspira um parecer melhor".[102] Por isso,

---

[100] João Paulo II, Carta ap. *Novo millennio ineunte* (6 de janeiro de 2001), 9: *AAS* 93 (2001), 271-272.

[101] N. 104: *AAS* 102 (2010), 772.

[102] *Regra*, III, 3; cf. João Paulo II, Carta ap. *Novo millennio ineunte* (6 de janeiro de 2001), 45: *AAS* 93 (2001), 298-299.

não deixemos de envolver diretamente a juventude na vida da sociedade e da Igreja, para que não se deixe cair em sentimentos de frustração e aversão, ao ver-se impossibilitada de tomar nas mãos o seu futuro, particularmente nas situações onde a juventude é vulnerável pela falta de formação, pelo desemprego, pela exploração política e por toda a espécie de dependência.[103]

63. Queridos jovens, podem tentar-vos solicitações de todo o gênero: ideologias, seitas, dinheiro, droga, sexo fácil, violência.... Estai atentos! Aqueles que vos fazem estas propostas querem destruir o vosso futuro. Apesar das dificuldades, não vos deixeis desanimar nem renuncieis aos vossos ideais, à vossa assídua aplicação na formação humana, intelectual e espiritual. Para adquirirdes o discernimento, a força necessária e a liberdade para resistir a tais pressões, encorajo-vos a colocar Jesus Cristo no centro de toda a vossa vida, não só através da oração mas também por meio do estudo da Sagrada Escritura, da frequência dos Sacramentos, da formação na doutrina social da Igreja, bem como mediante a vossa participação ativa e entusiasta nos grupos e nos movimentos eclesiais. Cultivai em vós a aspiração pela fraternidade, a justiça e a paz.

---

[103] Cf. *Propositio* 48.

O futuro está nas mãos de quem sabe encontrar razões fortes para viver e esperar. Se quiserdes, o futuro está nas vossas mãos, porque os dons que o Senhor distribuiu a cada um de vós, revigorados pelo encontro com Cristo, podem proporcionar uma esperança autêntica ao mundo.[104]

64. Quando se trata da orientação a tomar na vossa escolha de vida, quando se vos coloca a questão duma consagração total – para o sacerdócio ministerial ou para a vida consagrada –, apoiai-vos em Cristo, tomai-O por modelo, escutai a sua Palavra meditando-a com regularidade. Na homilia da Eucaristia inaugural do meu Pontificado, exortei-vos com estas palavras que me parece oportuno repetir aqui, porque permanecem atuais: "Quem faz entrar Cristo na sua vida nada perde, nada – absolutamente nada daquilo que torna a vida livre, bela e grande. Não! Só nesta amizade se abrem de par em par as portas da vida. Só nesta amizade desabrocham realmente as grandes potencialidades da condição humana [...]. Queridos jovens, não tenhais medo de Cristo! Ele não tira nada, Ele dá tudo. Quem se entrega a Ele, recebe o

---

[104] Cf. Bento XVI, *Mensagem para a XXV Jornada Mundial da Juventude* (22 de fevereiro de 2010), 7: *AAS* 102 (2010), 253-254; *id.*, Exort. ap. pós-sinodal *Verbum Domini* (30 de setembro de 2010), 104: *AAS* 102 (2010), 772-773.

cêntuplo. Sim, abri de par em par as portas a Cristo e encontrareis a vida verdadeira".[105]

F. As crianças

65. Tal como os jovens, também as crianças são um dom de Deus à humanidade, pelo que devem ser objeto de um cuidado particular por parte das respectivas famílias, da Igreja, da sociedade e dos governantes, porque elas são fonte de esperança e de renovamento na vida. Deus vigia de forma particular por elas, cuja vida é preciosa aos seus olhos, mesmo quando as circunstâncias parecem desfavoráveis ou impossíveis (cf. *Gn* 17,17-18; 18,12; *Mt* 18,10).

66. Com efeito, "no referente ao direito à vida, cada ser humano inocente é absolutamente igual a todos os demais. Esta igualdade é a base de todo o relacionamento social autêntico, o qual, para o ser verdadeiramente, não pode deixar de se fundar sobre a verdade e a justiça, reconhecendo e tutelando cada homem e cada mulher como pessoa, e não como uma coisa de que se possa dispor".[106]

67. À luz disto, como não deplorar e denunciar vigorosamente os intoleráveis maus tratos infligidos

---

[105] *Homilia* (24 de abril de 2005): *AAS* 97 (2005), 712.

[106] João Paulo II, Carta enc. *Evangelium vitæ* (25 de março de 1995), 57: *AAS* 87 (1995), 466.

a tantas crianças na África?[107] A Igreja é Mãe, e não poderia abandoná-las sejam elas quem for. Temos o dever de fazer brilhar sobre elas a luz de Cristo, oferecendo-lhes o seu amor para que O ouçam dizer: "Tu és preciosa aos meus olhos, estimo-te e amo-te" (*Is* 43,4). Deus quer a felicidade e o sorriso de todas as crianças; estas gozam do seu favor, "porque o Reino de Deus pertence aos que são como elas" (*Mc* 10,14).

68. Jesus Cristo sempre manifestou a sua preferência pelos mais pequeninos (cf. *Mc* 10,13-16). O próprio Evangelho está profundamente permeado pela verdade da criança. De fato, que quer dizer "se não voltardes a ser como as criancinhas, não podereis entrar no Reino dos Céus" (*Mt* 18,3)? Porventura não faz Jesus da criança um modelo também para os adultos? Na criança, há algo que nunca deveria faltar na pessoa que quer entrar no Reino dos Céus. O Céu é prometido a todos aqueles que são simples como as crianças, a quantos

---

[107] Os Padres sinodais referiram-se a diversas situações como, por exemplo, as crianças assassinadas antes de nascer, as crianças indesejadas, os órfãos, os albinos, os meninos de rua, as crianças abandonadas, as crianças-soldado, as crianças prisioneiras, as crianças forçadas a trabalhar, as crianças maltratadas por causa de deficiência física ou mental, as crianças consideradas como feiticeiras, as crianças ditas serpentes, os adolescentes vendidos como escravos sexuais, os adolescentes traumatizados sem qualquer perspectiva de futuro... Cf. *Propositio* 49.

estão, como elas, cheios dum espírito de confiante abandono, são puros e ricos de bondade. Só esses podem encontrar em Deus um Pai e tornar-se, graças a Jesus, filhos de Deus. Filhos e filhas dos nossos pais, Deus quer que todos nós sejamos, por graça, seus filhos adotivos.[108]

III. A visão africana da vida

69. Na concepção africana do mundo, a vida é entendida como uma realidade que engloba e inclui os antepassados, os vivos e as crianças por nascer, a criação inteira e todos os seres: os que falam e os que são mudos, os que pensam e os que não são capazes de o fazer. Nela, o universo visível e invisível é considerado como um espaço de vida dos homens, mas também como um espaço de comunhão onde as gerações passadas estão, de maneira invisível, ao lado das gerações presentes, que, por sua vez, são mães das gerações futuras. Esta ampla abertura do coração e do espírito da tradição africana predispõe-vos, amados irmãos e irmãs, para ouvirdes e receberdes a mensagem de Cristo e compreenderdes o mistério da Igreja,

---

[108] Cf. João Paulo II, *Carta às Crianças* (13 de dezembro de 1994): *L'Osservatore Romano* (ed. port. de 17/XII/1994), 4.

a fim de dar todo o seu valor à vida humana e às condições para o seu pleno florescimento.

A. A proteção da vida

70. Detendo-se sobre as determinações que visam proteger a vida humana no continente africano, os membros do Sínodo tomaram em consideração os esforços feitos pelas instituições internacionais em prol de alguns aspectos do desenvolvimento.[109] Mas observaram com preocupação que, durante os encontros internacionais, existe uma falta de clareza ética e até uma linguagem confusa que transmite valores contrários à moral católica. A Igreja mantém constante solicitude pelo desenvolvimento integral – na expressão do Papa Paulo VI –[110] de "todos os homens e do homem todo". Por este motivo, os Padres sinodais quiseram sublinhar os aspectos discutíveis de certos documentos emanados por organismos internacionais, relativos nomeadamente à saúde reprodutiva das mulheres. A posição da Igreja não tolera qualquer ambiguidade quanto ao aborto. A criança no seio materno é uma vida

---

[109] Cf. II Assembleia Especial para a África do Sínodo dos Bispos, *Mensagem Final* (23 de outubro de 2009), 30: *L'Osservatore Romano* (ed. port. de 31/X/2009), 8.

[110] Carta enc. *Populorum progressio* (26 de março de 1967), 14: *AAS* 59 (1967), 264; cf. Bento XVI, Carta enc. *Caritas in veritate* (29 de junho de 2009), 18: *AAS* 101 (2009), 653-654.

humana que se deve proteger. O aborto, que consiste na supressão dum inocente ainda não nascido, é contrário à vontade de Deus, porque o valor e a dignidade da vida humana devem ser protegidos desde a concepção até à morte natural. A Igreja na África e ilhas adjacentes deve comprometer-se a ajudar e a acompanhar as mulheres e os casais tentados pelo aborto, e a estar ao lado de quantos fizeram a triste experiência dele, a fim de educá-los para o respeito pela vida. Ela aprecia a coragem dos governos que legislaram contra a cultura da morte, da qual o aborto é uma expressão dramática, em benefício da cultura da vida.[111]

71. A Igreja sabe que aqueles que rejeitam uma sã doutrina a este respeito são numerosos: indivíduos, associações, departamentos especializados ou Estados. "Não devemos temer a oposição e a impopularidade, recusando qualquer compromisso e ambiguidade que nos conformem com a mentalidade deste mundo (cf. *Rm* 12,2). Com a força recebida de Cristo, que venceu o mundo pela sua morte e ressurreição (cf. *Jo* 16,33), devemos estar *no mundo*, mas não ser *do mundo* (cf. *Jo* 15,19; 17,16)".[112]

---

[111] Cf. *Propositio* 20.

[112] João Paulo II, Carta enc. *Evangelium vitæ* (25 de março de 1995), 82: *AAS* 87 (1995), 495.

72. Graves ameaças pesam sobre a vida humana na África. Aqui, como aliás noutros lados, é preciso deplorar as devastações da droga e os abusos do álcool que destroem o potencial humano do continente, penalizando sobretudo os jovens.[113] A malária[114] como também a tuberculose e a aids dizimam as populações africanas e comprometem gravemente a sua vida socioeconômica. Concretamente o problema da aids exige, sem dúvida, uma resposta médica e farmacêutica; mas esta é insuficiente, porque o problema é mais profundo: é sobretudo ético. A mudança de comportamento por ele exigida – nomeadamente a abstinência sexual, a rejeição da promiscuidade sexual, a fidelidade conjugal –, em última análise, põe a questão do desenvolvimento integral, que requer uma abordagem e uma resposta global da Igreja. De fato, para ser eficaz, a prevenção da aids deve apoiar-se numa educação sexual que esteja, por sua vez, fundada numa antropologia ancorada no direito natural e iluminada pela Palavra de Deus e o ensinamento da Igreja.

73. Em nome da vida – que é dever da Igreja defender e proteger – e em união com os Padres

---

[113] Cf. *Propositio* 53.
[114] Cf. *Propositio* 52.

sinodais, renovo o meu apoio e faço apelo a todas as instituições e a todos os movimentos da Igreja que trabalham no campo da saúde, especialmente da aids. Vós realizais um trabalho maravilhoso e importante. Peço às agências internacionais que vos reconheçam e ajudem, no respeito da vossa especificidade e com espírito de colaboração. Mais uma vez encorajo vivamente os institutos e os programas de pesquisa terapêutica e farmacêutica em curso para erradicar as pandemias. Por amor do dom precioso da vida,[115] não vos poupeis a canseiras para se chegar o mais depressa possível a resultados concretos. Possais encontrar soluções e, tendo em conta as situações de precariedade, tornar os tratamentos e os medicamentos acessíveis a todos. Há muito tempo que a Igreja sustenta a causa de um tratamento médico de alta qualidade e ao menor custo para todas as pessoas atingidas.[116]

74. A defesa da vida comporta, de igual forma, a erradicação da ignorância através da alfabetização das populações e duma educação qualificada que englobe a pessoa inteira. Ao longo da sua história, a Igreja Católica prestou particular atenção à educação. Nunca deixou de sensibilizar,

---

[115] Cf. *Propositio* 51.

[116] *Mensagem Final* (23 de outubro de 2009), 31: *L'Osservatore Romano* (ed. port. de 31/X/2009), 8.

encorajar e ajudar os pais a viverem a sua responsabilidade de primeiros educadores da vida e da fé dos seus próprios filhos. Na África, as suas estruturas – tais como escolas, colégios, liceus, escolas profissionais, universidades – colocam à disposição da população instrumentos para chegar ao saber, sem discriminação de origem, possibilidades econômicas ou religião. Deste modo, a Igreja oferece a sua contribuição para permitir valorizar e fazer frutificar os talentos que Deus colocou no coração de cada ser humano. Numerosas congregações religiosas nasceram com esta finalidade. Inumeráveis santos e santas compreenderam que santificar o homem significava, antes de mais, promover a sua dignidade por meio da educação.

75. Os membros do Sínodo constataram que a África, como aliás o resto do mundo, conhece uma crise da educação.[117] Sublinharam a necessidade de um programa educativo que conjugue fé e razão, para preparar as crianças e os jovens para a vida adulta. Bases e pontos sadios de referência, assim colocados, permitir-lhes-iam enfrentar as decisões quotidianas, caracterizando toda a vida adulta no plano afetivo, social, profissional e político.

---

[117] Cf. *Propositio* 19.

76. O analfabetismo constitui um dos maiores freios ao desenvolvimento. É um flagelo comparável ao das pandemias; é certo que não mata diretamente, mas contribui ativamente para a marginalização da pessoa – que é uma forma de morte social – e impossibilita-a de ter acesso ao conhecimento. Alfabetizar o indivíduo é fazer dele um membro de pleno direito da *res publica*, para cuja construção poderá contribuir,[118] e permitir ao cristão o acesso ao tesouro inestimável da Sagrada Escritura, que alimenta a sua vida de fé.

77. Convido as comunidades e as instituições católicas a responderem generosamente a este grande desafio, que é um real laboratório de humanização, e a intensificarem os esforços, segundo os meios à disposição, para desenvolver, por si sós ou em colaboração com outras organizações, programas eficazes e adaptados às populações. As comunidades e as instituições católicas só vencerão tal desafio, se mantiverem a sua identidade eclesial e permanecerem zelosamente fiéis à mensagem evangélica e ao carisma do fundador. A identidade cristã constitui um bem precioso que é preciso saber preservar e defender, temendo que o sal se torne insípido e acabe por ser calcado aos pés (cf. *Mt* 5,13).

---

[118] Cf. Bento XVI, Carta enc. *Caritas in veritate* (29 de junho de 2009), 21: *AAS* 101 (2009), 655-656.

78. Convém, sem dúvida, sensibilizar os governos para que aumentem o seu apoio à escolarização. A Igreja reconhece e respeita o papel do Estado no campo educativo; mas afirma o legítimo direito que ela tem de participar nele, oferecendo a sua particular contribuição. Convém recordar ao Estado que a Igreja tem o direito de educar segundo as suas regras próprias e em edifícios próprios. Trata-se de um direito que se insere naquela liberdade de ação "que o seu encargo de salvar os homens requer".[119] Numerosos Estados africanos reconhecem o papel saliente e desinteressado que a Igreja desempenha, através das suas estruturas educativas, na edificação da sua nação. Por isso, encorajo vivamente os governantes nos seus esforços de apoio a esta obra educativa.

B. O respeito da criação e o ecossistema

79. Com os Padres do Sínodo, convido todos os membros da Igreja a trabalhar e tomar posição a favor duma economia atenta aos pobres e decididamente contrária a uma ordem injusta que, a pretexto de reduzir a pobreza, frequentemente contribuiu para a agravar.[120] Deus dotou a África

---

[119] Conc. Ecum. Vat. II, Decl. sobre a liberdade religiosa *Dignitatis humanæ*, 13.

[120] Cf. *Propositiones* 17 e 29.

de importantes recursos naturais. Vendo a pobreza crônica das suas populações, vítimas de exploração e prevaricações locais e estrangeiras, a consciência humana sente-se chocada com a opulência de alguns grupos. Tendo surgido com a finalidade de criar riqueza na sua própria nação e muitas vezes valendo-se da cumplicidade daqueles que exercem o poder na África, com demasiada frequência tais grupos asseguram o seu funcionamento à custa do bem-estar das populações locais.[121] A Igreja, agindo em colaboração com todos os outros componentes da sociedade civil, deve denunciar a ordem injusta que impede os povos africanos de consolidarem a própria economia[122] e "de atingirem o desenvolvimento em conformidade com os seus traços culturais próprios".[123] Além disso, é dever da Igreja lutar para que "todos os povos possam tornar-se os principais artífices do próprio desenvolvimento social e econômico [...] e todo e qualquer povo, como membro ativo e responsável da sociedade humana,

---

[121] Cf. II Assembleia Especial para a África do Sínodo dos Bispos, *Mensagem Final* (23 de outubro de 2009), 32: *L'Osservatore Romano* (ed. port. de 31/X/2009), 8.

[122] Cf. Bento XVI, Carta enc. *Caritas in veritate* (29 de junho de 2009), 42: *AAS* 101 (2009), 677-678; *Propositio* 15.

[123] II Assembleia Geral Ordinária do Sínodo dos Bispos, Doc. *Justitia in mundo* (30 de novembro de 1971), proposição 8a: *AAS* 63 (1971), 941.

possa cooperar para a consecução do bem comum com os mesmos direitos dos demais povos".[124]

80. Homens e mulheres de negócios, governos, grupos econômicos lançam-se em programas de exploração que poluem o ambiente e causam uma desertificação nunca vista. Graves atentados são praticados contra a natureza e as florestas, a flora e a fauna, e inúmeras espécies correm o risco de desaparecer para sempre. Tudo isto ameaça o ecossistema global e, consequentemente, a sobrevivência da humanidade.[125] Exorto a Igreja na África a encorajar os governantes para que protejam os bens fundamentais, como são a terra e a água, para a vida humana das gerações presentes e futuras[126] e para a paz entre os povos.

C. A boa governança dos Estados

81. Um dos instrumentos mais importantes ao serviço da reconciliação, da justiça e da paz pode ser a instituição política, cujo dever essencial é a introdução e a gestão da ordem justa.[127] Por sua vez, esta ordem está ao serviço da "vocação

---

[124] *Ibid.*, proposições 8b e 8c: *o.c.*, 941.

[125] Cf. *Propositio* 22.

[126] Cf. *Propositio* 30.

[127] Cf. Congr. para a Doutrina da Fé, *Nota doutrinal sobre algumas questões relativas à participação e comportamento dos católicos na vida política* (24 de novembro de 2002): *AAS* 96 (2004), 359-370.

à comunhão das pessoas".[128] Para concretizar semelhante ideal, a Igreja na África deve contribuir para a edificação da sociedade, em colaboração com as autoridades governamentais e as instituições públicas e privadas empenhadas na obtenção do bem comum.[129] Os chefes tradicionais podem contribuir, de maneira muito positiva, para a boa governança. A Igreja, por seu lado, compromete-se a promover no seu seio e na sociedade uma cultura que tenha a peito o primado do direito.[130] A título de exemplo, as eleições constituem um espaço de expressão da escolha política dum povo e são o sinal da legitimidade para o exercício do poder. Constituem momento privilegiado para um debate público sadio e sereno, caracterizado pelo respeito das diversas opiniões e dos vários grupos políticos. Favorecer o bom andamento das eleições suscitará e encorajará uma participação real e ativa dos cidadãos na vida política e social. O desrespeito da Constituição nacional, da lei ou do veredito das urnas, quando as eleições foram livres, imparciais e transparentes, manifestaria uma grave disfunção na

---

[128] *Catecismo da Igreja Católica*, 2419.

[129] Cf. *Propositio* 24; Bento XVI, Carta enc. *Caritas in veritate* (29 de junho de 2009), 58.60.67: *AAS* 101 (2009), 693-694.695.700-701; *Catecismo da Igreja Católica*, 1883 e 1885.

[130] Cf. *Propositio* 25.

governança e significaria uma falta de competência na gestão da realidade pública.[131]

82. Hoje, muitos daqueles que decidem, tanto políticos como economistas, pretendem não dever nada a ninguém, a não ser a si mesmos. "Considerando-se titulares só de direitos, frequentemente deparam-se com fortes obstáculos para maturar uma responsabilidade no âmbito do desenvolvimento integral próprio e alheio. Por isso, é importante invocar uma nova reflexão que faça ver como os direitos pressupõem deveres, sem os quais o seu exercício se transforma em arbítrio".[132]

83. O aumento da taxa de criminalidade nas sociedades, cada vez mais urbanizadas, é um sério motivo de preocupação para todos os responsáveis e para os governantes. É urgente, portanto, estabelecer sistemas judiciários e prisionais independentes, para restabelecer a justiça e reeducar os culpados. É preciso também banir os casos de erro da justiça e os maus tratos dos prisioneiros, as numerosas ocasiões de não aplicação da lei, que correspondem a uma violação dos direitos humanos,[133] e as

---

[131] Cf. *Propositio* 26.

[132] Bento XVI, Carta enc. *Caritas in veritate* (29 de junho de 2009), 43: *AAS* 101 (2009), 679.

[133] Cf. *Propositio* 54.

detenções que só tardiamente ou nunca chegam a um processo. "A Igreja na África [...] reconhece a sua missão profética junto de quantos acabam envolvidos pela criminalidade, sabendo da sua necessidade de reconciliação, de justiça e de paz".[134] Os presos são pessoas humanas que, apesar do seu crime, merecem ser tratadas com respeito e dignidade; precisam da nossa solicitude. Para isso, a Igreja deve organizar a pastoral do setor carcerário para o bem material e espiritual dos presos. Esta atividade pastoral é um verdadeiro serviço que a Igreja presta à sociedade, e que o Estado deve favorecer para o bem comum. Com os membros do Sínodo, chamo a atenção dos responsáveis da sociedade para a necessidade de fazer todo o possível a fim de se chegar à eliminação da pena capital,[135] bem como para a reforma do sistema penal a fim de que a dignidade humana do preso seja respeitada. Aos agentes pastorais cabe a tarefa de estudar e propor a justiça restituitória como meio e processo para favorecer a reconciliação, a justiça e a paz, e ainda a reinserção nas comunidades das vítimas e dos transgressores.[136]

---

[134] *Ibid.*, 54.

[135] Cf. *Propositio* 55.

[136] Cf. *Propositio* 54.

D. *Os emigrantes, deslocados e refugiados*

84. Milhões de emigrantes, deslocados e refugiados procuram uma pátria e uma terra de paz na África ou noutros continentes. As dimensões deste êxodo, que envolve todos os países, revelam a amplitude dissimulada das diversas pobrezas, frequentemente geradas por falhas na gestão pública. Milhares de pessoas procuraram, e procuram ainda, atravessar os desertos e os mares à procura de oásis de paz e prosperidade, duma formação melhor e de maior liberdade. Infelizmente, numerosos refugiados ou deslocados encontram toda a espécie de violência e exploração, se não mesmo a prisão e frequentemente a morte. Alguns Estados responderam a este drama com uma legislação repressiva.[137] A situação de precariedade de tais pobres deveria suscitar a compaixão e a solidariedade generosa de todos; muitas vezes, porém, sucede o contrário, fazendo nascer o medo e a ansiedade, porque muitos consideram os emigrantes como um fardo e olham-nos com desconfiança, não vendo neles senão perigo, insegurança e ameaça. Esta visão provoca reações de intolerância, xenofobia e racismo, enquanto estes mesmos emigrantes se veem constrangidos, por causa da precariedade da

---

[137] Cf. *Propositio* 28.

sua situação, a realizar trabalhos mal remunerados e muitas vezes ilegais, humilhantes ou degradantes. A consciência humana não pode deixar de se indignar à vista destas situações. Assim, a emigração dentro e para fora do continente torna-se um drama multidimensional, que afeta seriamente o capital humano da África, provocando a instabilidade ou mesmo a destruição das famílias.

85. A Igreja recorda-se que a África foi uma terra de refúgio para a Sagrada Família, que escapava do poder político sanguinário de Herodes[138] à procura duma terra que lhes prometia a segurança e a paz. A Igreja continuará a fazer ouvir a sua voz e a empenhar-se por defender todas as pessoas.[139]

E. A globalização e a ajuda internacional

86. Os Padres sinodais manifestaram a sua perplexidade e preocupação perante a globalização. Já chamei a atenção para esta realidade, como sendo um desafio a enfrentar. "A verdade da globalização enquanto processo e o seu critério ético fundamental provêm da unidade da

---

[138] Cf. Bento XVI, *Discurso ao Conselho Especial para a África do Sínodo dos Bispos* (Yaoundé, 19 de março de 2009): *AAS* 101 (2009), 310.

[139] Cf. Bento XVI, Carta enc. *Caritas in veritate* (29 de junho de 2009), 62: *AAS* 101 (2009), 696-697.

família humana e do seu desenvolvimento no bem. Por isso é preciso empenhar-se sem cessar por favorecer uma orientação cultural personalista e comunitária, aberta à transcendência, do processo de integração mundial."[140] A Igreja espera que a globalização da solidariedade cresça até inscrever, "nas relações comerciais, o princípio de gratuidade e a lógica do dom, como expressão da fraternidade",[141] evitando a tentação do pensamento unidimensional sobre a vida, a cultura, a política, a economia, em benefício de um constante respeito ético pelas diversas realidades humanas, para uma efetiva solidariedade.

87. Esta globalização da solidariedade manifesta-se já, em certa medida, através das ajudas internacionais. Hoje a notícia duma catástrofe cruza rapidamente o mundo, suscitando muitas vezes um movimento de compaixão e ações concretas de generosidade. A Igreja presta um serviço de grande caridade, defendendo as necessidades reais do destinatário. Em nome do direito de quantos passam necessidade e não têm voz e em nome do respeito e solidariedade que é preciso ter para com eles, a Igreja pede que "os

---

[140] *Ibid.*, 42: *o.c.*, 677.

[141] *Ibid.*, 36: *o.c.*, 672.

organismos internacionais e as organizações não governamentais se comprometam a uma plena transparência".[142]

IV. O diálogo e a união entre os crentes

88. Como nos manifesta um grande número de movimentos sociais, as relações inter-religiosas condicionam a paz na África, como aliás noutros lados. Por conseguinte, é importante que a Igreja promova o diálogo como atitude espiritual, para que os crentes aprendam a trabalhar juntos, por exemplo, nas associações orientadas para a paz e a justiça, com um espírito de confiança e de mútua ajuda. As famílias devem ser educadas para a escuta, a fraternidade e o respeito sem medo do outro.[143] Uma só coisa é necessária (cf. *Lc* 10,42) e capaz de satisfazer a sede de eternidade de todo o ser humano e o desejo de unidade da humanidade inteira: o amor e a contemplação de Deus, que levava Santo Agostinho a exclamar: "Oh eterna verdade, verdadeira caridade e cara eternidade!".[144]

---

[142] *Ibid.*, 47: *o.c.*, 684; cf. *Propositio* 31.

[143] Cf. *Propositiones* 10, 11, 12 e 13.

[144] *Confissões,* VII, 10, 16: *PL* 32, 742.

A. O diálogo ecumênico e o desafio dos novos movimentos religiosos

89. Com o convite para participarem na assembleia sinodal feito aos nossos irmãos cristãos ortodoxos, coptas ortodoxos, luteranos, anglicanos e metodistas – e de modo particular a Sua Santidade Abuna Paulos, Patriarca da Igreja Ortodoxa Tewahedo da Etiópia, uma das mais antigas comunidades cristãs do continente africano – quis significar que o caminho para a reconciliação passa, antes de mais, pela união dos discípulos de Cristo. Um cristianismo dividido permanece um escândalo, porque contradiz realmente a vontade do Divino Mestre (cf. *Jo* 17,21). Por isso, o diálogo ecumênico visa orientar o nosso caminho comum rumo à unidade dos cristãos, sendo assíduos na escuta da Palavra de Deus, fiéis à união fraterna, à fração do pão e às orações (cf. *At* 2,42). Exorto toda a família eclesial – as Igrejas particulares, os institutos de vida consagrada, as associações e movimentos de leigos – a prosseguir de forma ainda mais convicta por este caminho, no espírito e com base nas indicações do *Diretório Ecumênico*, e através das diversas associações ecumênicas existentes. E convido a formar novas, onde elas possam representar uma ajuda para a missão. Oxalá possamos empreender, juntos, obras de caridade e

proteger os patrimônios religiosos em virtude dos quais os discípulos de Cristo encontram as forças espirituais de que necessitam para a edificação da família humana.[145]

90. Ao longo destes últimos decênios, a Igreja na África tem-se interrogado, com insistência, sobre o nascimento e a expansão de comunidades não católicas, por vezes chamadas também autóctones africanas (*African Independent Churches*). Frequentemente derivam de Igrejas e Comunidades eclesiais cristãs tradicionais e adotam aspectos das culturas tradicionais africanas. Recentemente estes grupos fizeram a sua aparição no panorama ecumênico. Os pastores da Igreja Católica deverão ter em conta esta nova realidade para a promoção da unidade dos cristãos na África e, consequentemente, deverão encontrar uma resposta adaptada ao contexto, tendo em vista uma evangelização mais profunda para fazer chegar, de maneira eficaz, a Verdade de Cristo aos africanos.

91. Numerosos movimentos sincretistas e seitas surgiram na África durante os últimos decênios. Por vezes não é fácil discernir se são de inspiração autenticamente cristã ou simplesmente fruto de um entusiasmo por um líder com a pretensão de

---

[145] Cf. *Propositio* 10.

possuir dons excepcionais. A sua denominação e o seu vocabulário prestam-se facilmente a confusão e podem enganar fiéis em boa-fé. Aproveitando-se de estruturas estatais ainda não estáveis, do desmoronamento das solidariedades familiares tradicionais e duma catequese insuficiente, estas numerosas seitas exploram a credulidade e oferecem uma caução religiosa a crenças multiformes e heterodoxas não cristãs. Destroem a paz dos casais e das famílias, por causa de falsas profecias ou visões. Seduzem mesmo responsáveis políticos. A teologia e a pastoral da Igreja devem individuar as causas deste fenômeno, não só para deter "a hemorragia" dos fiéis que saem das paróquias para elas, mas também para estabelecer as bases duma condigna resposta pastoral à atração que estes movimentos e seitas exercem sobre aqueles. Por outras palavras, é preciso evangelizar em profundidade a alma africana.

B. O diálogo inter-religioso

1. As religiões tradicionais africanas

92. A Igreja vive diariamente com os adeptos das religiões tradicionais africanas. Estas religiões, que fazem referência aos antepassados e a uma forma de mediação entre o homem e a Imanência, são o húmus cultural e espiritual donde provém a

maioria dos cristãos convertidos e com o qual mantêm um contato diário. Convém escolher, de entre os convertidos, algumas pessoas bem informadas que possam servir de guia para a Igreja ter um conhecimento cada vez mais profundo e exato das tradições, da cultura e das religiões tradicionais. Deste modo, tornar-se-á mais fácil a identificação dos verdadeiros pontos de ruptura; e chegar-se-á também à necessária distinção entre o cultural e o cultual, eliminando-se os elementos de magia, que são causa de divisão e ruína para as famílias e as sociedades. Neste sentido, o Concílio Vaticano II especificou que a Igreja "exorta os seus filhos a que, com prudência e caridade, pelo diálogo e colaboração com os seguidores doutras religiões, dando testemunho da vida e fé cristãs, reconheçam, conservem e promovam os bens espirituais e morais e os valores socioculturais que entre eles encontram".[146] Para que os tesouros da vida sacramental e da espiritualidade da Igreja possam ser descobertos em toda a sua profundidade e melhor transmitidos na catequese, a Igreja poderia examinar, num estudo teológico, alguns elementos das culturas tradicionais africanas que estejam de acordo com a doutrina de Cristo.

---

[146] Decl. sobre as relações da Igreja com as religiões não cristãs *Nostra ætate*, 2; cf. *Propositio* 13.

93. Apoiando-se nas religiões tradicionais, a feitiçaria conhece atualmente uma certa recrudescência. Renascem temores, que criam laços de sujeição paralisadores. As preocupações com a saúde, o bem-estar, os filhos, o clima, a proteção contra os maus espíritos levam de vez em quando a recorrer a práticas das religiões tradicionais africanas que estão em desacordo com a doutrina cristã. O problema da "dupla pertença" – ao cristianismo e às religiões tradicionais africanas – permanece um desafio. Para a Igreja que está na África, é necessário guiar as pessoas, através de uma catequese e uma inculturação profundas, para a descoberta da plenitude dos valores do Evangelho. Convém determinar o significado profundo de tais práticas de feitiçaria, identificando as implicações teológicas, sociais e pastorais que esta calamidade acarreta.

2. O Islã

94. Os Padres do Sínodo puseram em evidência a complexidade da realidade muçulmana no continente africano. Nalguns países, reina bom entendimento entre cristãos e muçulmanos; noutros, os cristãos locais gozam apenas duma cidadania de segunda classe, e os católicos estrangeiros, religiosos ou leigos, têm dificuldade em obter vistos ou autorizações de residência; noutros,

os elementos religiosos e políticos não estão ainda suficientemente separados; noutros, enfim, existe a hostilidade. Exorto a Igreja, em toda e qualquer situação, a perseverar na estima dos muçulmanos; "adoram eles o Deus único, vivo e subsistente, misericordioso e onipotente, criador do céu e da terra, que falou aos homens".[147] Se todos nós, crentes em Deus, queremos servir a reconciliação, a justiça e a paz, devemos trabalhar juntos para banir todas as formas de discriminação, intolerância e fundamentalismo confessional. Na sua obra social, a Igreja não faz distinção religiosa; ajuda quem se encontra em necessidade, seja ele cristão, muçulmano ou animista. Testemunha assim o amor de Deus, criador de todos, e encoraja os seguidores das outras religiões a uma atitude respeitadora e a uma reciprocidade na estima. Exorto a Igreja inteira a procurar, através de um diálogo paciente com os muçulmanos, o reconhecimento jurídico e prático da liberdade religiosa, de modo que, na África, cada cidadão possa gozar não apenas do direito a uma livre escolha da sua religião[148] e ao exercício do culto, mas também do direito à liberdade de

---

[147] Conc. Ecum. Vat. II, Decl. sobre as relações da Igreja com as religiões não cristãs *Nostra ætate*, 3.

[148] Cf. II Assembleia Especial para a África do Sínodo dos Bispos, *Mensagem Final* (23 de outubro de 2009), 41: *L'Osservatore Romano* (ed. port. de 31/X/2009), 9.

consciência.[149] A liberdade religiosa é o caminho da paz.[150]

C. Tornar-se "sal da terra" e "luz do mundo"

95. A missão evangelizadora da Igreja na África bebe em várias fontes: a Sagrada Escritura, a Tradição e a vida sacramental. Como um grande número de Padres sinodais fez questão de sublinhar, o ministério da Igreja encontra um apoio eficaz no *Catecismo da Igreja Católica*. Por outro lado, o *Compêndio da Doutrina Social da Igreja* é um guia para a missão da Igreja como "Mãe e Educadora" no mundo e na sociedade e, por isso mesmo, um instrumento pastoral de primeira grandeza.[151] Um cristão, que se sacia na fonte autêntica, Cristo, é por Ele transformado em "luz do mundo" (*Mt* 5,14) e transmite Aquele que é "a luz do mundo" (*Jo* 8,12). O seu conhecimento deve ser animado pela caridade. Com efeito, o saber, "se quer ser sapiência capaz de orientar o homem à luz dos princípios primeiros e dos seus fins últimos, deve ser 'temperado' com o 'sal' da caridade".[152]

---

[149] Cf. *Propositio* 12.

[150] Cf. Bento XVI, *Mensagem para o Dia Mundial da Paz de 2011*: *AAS* 103 (2011), 46-47.

[151] Cf. *Propositio* 18.

[152] Bento XVI, Carta enc. *Caritas in veritate* (29 de junho de 2009), 30: *AAS* 101 (2009), 665.

96. Para cumprir a tarefa a que fomos chamados, façamos nossa a exortação do próprio São Paulo: "Mantende-vos, portanto, firmes, tendo cingido os vossos rins com a verdade, vestido a couraça da justiça e calçado os pés com a prontidão para anunciar o Evangelho da paz; acima de tudo, tomai o escudo da fé, com o qual tereis a capacidade de apagar todas as setas incendiadas do maligno. Recebei ainda o capacete da salvação e a espada do Espírito, isto é, a palavra de Deus. Servindo-vos de toda a espécie de orações e preces, orai em todo o tempo no Espírito" (*Ef* 6,14-18).

II PARTE
"A CADA UM É DADA A MANIFESTAÇÃO DO ESPÍRITO, PARA PROVEITO COMUM"

(*1Cor* 12,7)

97. As diretrizes da missão, que acabo de indicar, só se tornarão realidade, se a Igreja agir, por um lado, sob a guia do Espírito Santo e, por outro, como um só corpo, para usar uma imagem de São Paulo que apresenta, de maneira articulada, estas duas condições. Com efeito, numa África marcada por contrastes, a Igreja deve indicar claramente o caminho para Cristo; deve mostrar como se vive, na fidelidade a Jesus Cristo, a unidade na diversidade ensinada pelo Apóstolo: "Há diversidade de dons, mas o Espírito é o mesmo; há diversidade de serviços, mas o Senhor é o mesmo; há diversos modos de agir, mas é o mesmo Deus que realiza tudo em todos. A cada um é dada a manifestação do Espírito, para proveito comum" (*1Cor* 12,4-7). Ao exortar cada membro da família eclesial a ser "o sal da terra" e "a luz do mundo" (*Mt* 5,13.14), pretendo insistir sobre este "ser", que, pelo Espírito, deveria agir para proveito comum. Nunca se é cristão, sozinho. Os dons concedidos pelo Senhor a cada um – bispos, sacerdotes, diáconos, religiosos e religiosas, catequistas, leigos – devem contribuir para a harmonia, a comunhão e a paz na própria Igreja e na sociedade.

98. É bem conhecido o caso daquele homem paralítico que foi levado a Jesus, para que o curasse (cf. *Mc* 2,1-12). Hoje, para nós, tal homem simboliza

todos os nossos irmãos e irmãs da África e doutros lugares, paralisados de diversas maneiras e muitas vezes, infelizmente, num abatimento profundo. Diante dos desafios, que esbocei brevemente na sequência das intervenções dos Padres sinodais, meditemos sobre a atitude dos portadores do paralítico. Este só pôde aproximar-se de Jesus com a ajuda daquelas quatro pessoas de fé que superaram o *obstáculo físico* da multidão, dando provas de solidariedade e de confiança absoluta em Jesus. Ele "viu a fé daqueles homens"; então tira *o obstáculo espiritual*, dizendo ao paralítico: "Os teus pecados estão perdoados". Cristo elimina aquilo que impede o homem de levantar-se. Este exemplo incita-nos a crescer na fé e a darmos, nós também, provas de solidariedade e criatividade para elevar aqueles que carregam fardos pesados, abrindo-os assim à plenitude da vida em Cristo (cf. *Mt* 11,28). Perante os obstáculos, físicos ou espirituais, que se levantam à nossa frente, mobilizemos as energias espirituais e os recursos materiais de todo o corpo que é a Igreja, seguros de que Cristo agirá pelo Espírito Santo em cada um dos seus membros.

Capítulo I

OS MEMBROS DA IGREJA

99. Amados filhos e filhas da Igreja, e de modo particular vós queridos fiéis da África, o amor de Deus cumulou-vos de toda a espécie de bênçãos e fez-vos capazes de agir como o sal da terra. Todos vós, como membros da Igreja, deveis estar conscientes de que a paz e a justiça nascem, em primeiro lugar, da reconciliação do ser humano consigo mesmo e com Deus. Cristo é o verdadeiro e único "Príncipe da paz". O seu nascimento é o penhor da paz messiânica, tal como fora anunciada pelos profetas (cf. *Is* 9,5-6; 57,19; *Mq* 5,4; *Ef* 2,14-17). Esta paz não vem dos homens, mas de Deus; é o dom messiânico por excelência. Esta paz leva àquela justiça do Reino que é preciso procurar, em tempo propício e fora dele, em tudo o que se faz (cf. *Mt* 6,33), para que em todas as circunstâncias seja dada glória a Deus (cf. *Mt* 5,16). Ora nós sabemos que o justo é fiel à lei de Deus, porque se converteu (cf. *Lc* 15,7; 18,14). Esta nova fidelidade é trazida por Cristo para nos tornar "irrepreensíveis e íntegros" (cf. *Fl* 2,15).

I. Os bispos

100. Amados irmãos no episcopado, a santidade a que é chamado o bispo exige a prática das virtudes, a começar pelas teologais, e a prática dos conselhos evangélicos.[153] A vossa santidade pessoal deve refulgir em benefício de quantos foram confiados ao vosso cuidado pastoral e que deveis servir. A vossa vida de oração irrigará, a partir de dentro, o vosso apostolado. Um bispo deve ser um enamorado de Cristo. A autoridade moral e a credibilidade, que sustentam o exercício do vosso poder jurídico, poderão derivar apenas da santidade da vossa vida.

101. Como dizia São Cipriano, em meados do século III em Cartago, "a Igreja assenta-se sobre os bispos, e toda a sua conduta obedece às indicações destes mesmos chefes".[154] A comunhão, a unidade e a colaboração com o *presbyterium* é que servirão de antídoto contra os germes de divisão e ajudarão a colocar-vos, todos juntos, à escuta do Espírito Santo. Ele conduzir-vos-á pelo justo caminho (cf. *Sl* 23/22,3). Amai e respeitai os vossos sacerdotes, que são os colaboradores preciosos do vosso ministério

---

[153] Cf. Congr. para os Bispos, *Diretório para o Ministério Pastoral dos Bispos* "Apostolorum successores" (22 de fevereiro de 2004), 33-48: *Enchiridion Vaticanum*, 22, 1650-1676.

[154] *Epistula* 33, 1: *PL* 4, 297.

episcopal. Imitai a Cristo, que criou ao seu redor um clima de amizade, estima fraterna e comunhão que Ele extraiu das profundezas do mistério trinitário. "Exorto-vos a perseverar com toda a solicitude na ajuda aos vossos sacerdotes para viverem em união íntima com Cristo. A sua vida espiritual é o fundamento da sua vida apostólica. Por isso haveis de exortá-los, com suavidade, à oração diária e a uma digna celebração dos sacramentos, sobretudo da Eucaristia e da Reconciliação, como fazia São Francisco de Sales com os seus sacerdotes [...]. Estes têm necessidade da vossa estima, encorajamento e solicitude".[155]

102. Permanecei unidos ao Sucessor de Pedro com os vossos sacerdotes e o conjunto dos vossos fiéis. Não desperdiceis as vossas energias humanas e pastorais na busca ilusória de respostas para questões que não são de vossa direta competência, ou nos meandros de um nacionalismo que pode cegar. Seguir este ídolo, tal como o da absolutização da cultura africana, é mais fácil do que seguir as exigências de Cristo. Estes ídolos são quimeras. Mais ainda, são uma tentação: a tentação de crer que se possa, com as simples forças humanas, estabelecer na terra o Reino da felicidade eterna.

---

[155] Bento XVI, *Discurso aos Bispos de França* (Lourdes, 14 de setembro de 2008): *L'Osservatore Romano* (ed. port. de 20/IX/2008), 14.

103. O vosso primeiro dever é levar a Boa-
-Nova da Salvação a todos, e dar aos fiéis uma
catequese que contribua para um conhecimento
mais profundo de Jesus Cristo. Preocupai-vos com
dar aos leigos um verdadeiro conhecimento da sua
missão eclesial e exortai-os a realizá-la com sentido
de responsabilidade, procurando sempre o bem comum. Os programas de formação permanente dos
leigos, particularmente responsáveis políticos e econômicos, deverão insistir sobre a conversão como
condição necessária para transformar o mundo. É
bom começar sempre pela oração, prosseguindo
com a catequese que deverá, por sua vez, conduzir à
ação concreta. A criação de estruturas virá depois,
se houver verdadeiramente necessidade, porque
estas nunca substituem a força da oração.

104. No seguimento de Cristo Bom Pastor,
sede, amados irmãos no episcopado, bons pastores e servidores do rebanho que vos está confia-
do, exemplares pela vossa vida e conduta. A boa
administração das vossas dioceses requer a vossa
presença. Para que a vossa mensagem seja credível,
fazei com que as vossas dioceses se tornem modelos
no comportamento das pessoas, na transparência e
boa gestão financeira. Não temais recorrer à competência de peritos de contabilidade, para servir de
exemplo tanto aos fiéis como à sociedade inteira.

Favorecei o bom funcionamento dos organismos eclesiais diocesanos e paroquiais, tal como estão previstos pelo direito da Igreja. É a vós, em primeiro lugar, que compete a busca da unidade, da justiça e da paz, porque tendes a responsabilidade das Igrejas particulares.

105. O Sínodo lembrou que "a Igreja é uma comunhão que gera uma solidariedade pastoral orgânica. Os bispos, em união com o Bispo de Roma, são os primeiros promotores da comunhão e da colaboração no apostolado da Igreja".[156] As Conferências Episcopais nacionais e regionais têm a missão de consolidar esta comunhão eclesial e promover esta solidariedade pastoral.

106. Para uma maior visibilidade, coerência e eficácia na pastoral social da Igreja, o Sínodo sentiu a necessidade de uma ação mais solidária em todos os níveis. Será bom que as Conferências Episcopais regionais e nacionais e também a Assembleia da Hierarquia Católica do Egito (A.H.C.E.) renovem o seu compromisso de solidariedade colegial.[157] Isto implica, concretamente, uma participação palpável nas atividades destas estruturas, tanto no que diz respeito ao pessoal como aos meios financeiros.

---

[156] *Propositio* 3.
[157] Cf. *Propositio* 4.

Assim, a Igreja dará testemunho daquela unidade pela qual Cristo rezou (cf. *Jo* 17,20-21).

107. De igual modo parece-me desejável que os bispos se comprometam, antes de mais, a promover e sustentar, efetiva e afetivamente, o Simpósio das Conferências Episcopais da África e de Madagascar (S.C.E.A.M.), enquanto estrutura continental de solidariedade e comunhão eclesial.[158] Convém também cultivar boas relações com a Confederação das Conferências dos Superiores Maiores da África e de Madagascar (CO.S.M.A.M.), as Associações das Universidades Católicas e outras estruturas eclesiais do continente.

II. Os sacerdotes

108. Colaboradores estreitos e indispensáveis do bispo, os sacerdotes[159] têm o encargo de continuar a obra de evangelização. A segunda Assembleia para a África do Sínodo dos Bispos foi celebrada durante o ano que eu dedicara ao sacerdócio, lançando um apelo particular à santidade. Amados sacerdotes, lembrai-vos de que o vosso testemunho de vida pacífica, ultrapassando fronteiras tribais e

---

[158] Cf. *ibid.*, 4.

[159] Cf. *Propositio* 39.

raciais, pode tocar os corações.[160] O apelo à santidade é um convite para vos tornardes pastores segundo o coração de Deus,[161] que apascentam o rebanho com justiça (cf. *Ez* 34,16). Ceder à tentação de vos transformardes em guias políticos[162] ou em agentes sociais seria trair a vossa missão sacerdotal e prestar um mau serviço à sociedade, que espera de vós palavras e gestos proféticos. Já dizia São Cipriano: "Aqueles que possuem a honra do sacerdócio divino [...] devem prestar o seu ministério somente no altar e no sacrifício, e dedicar-se unicamente à oração".[163]

109. Consagrando-vos sobretudo àqueles que o Senhor vos confia para os formar nas virtudes cristãs e conduzir à santidade, não só os ganhareis para a causa de Cristo mas fareis deles também os protagonistas duma sociedade africana renovada. Face à complexidade das situações com que vos defrontais, convido-vos a aprofundar a vida de oração e a formação permanente. Que isto se verifique tanto espiritual como intelectualmente.

---

[160] Cf. II Assembleia Especial para a África do Sínodo dos Bispos, *Mensagem Final* (23 de outubro de 2009), 20: *L'Osservatore Romano* (ed. port. de 31/X/2009), 7.

[161] Cf. *Propositio* 39.

[162] Cf. Bento XVI, *Discurso à Cúria Romana por ocasião da apresentação dos votos de Natal* (21 de dezembro de 2009): *AAS* 102 (2010), 35.

[163] *Epistula* 66, 1: *PL* 4, 398.

Familiarizai-vos com a Sagrada Escritura, com a Palavra de Deus que meditais cada dia e explicais aos fiéis. Aprofundai também o vosso conhecimento do Catecismo, dos documentos do Magistério, bem como da doutrina social da Igreja. Deste modo sereis capazes, por vossa vez, de formar os membros da comunidade cristã, de que sois os responsáveis imediatos, para que se tornem autênticos discípulos e testemunhas de Cristo.

110. Vivei, com simplicidade, humildade e amor filial, a obediência ao bispo da vossa diocese. "Por respeito Àquele que nos amou, convém obedecer sem qualquer hipocrisia; porque não é deste bispo visível que se abusa, mas é do Bispo invisível que se procura burlar. Porque, neste caso, não é de um ser de carne que se trata, mas de Deus que conhece as realidades ocultas".[164] No quadro da formação permanente dos sacerdotes, parece-me oportuno que sejam relidos e meditados determinados documentos, como o Decreto conciliar sobre o ministério e a vida dos sacerdotes *Presbyterorum ordinis*, a Exortação apostólica pós-sinodal *Pastores dabo vobis*, de 1992, o *Diretório para o Ministério e a Vida dos Presbíteros,* de 1994, e ainda a Instrução

---

[164] Santo Inácio de Antioquia, *Ad Magnesios*, III, 2: ed. F.X. FUNK, 233.

O Presbítero, Pastor e Guia da Comunidade Paroquial, de 2002.

111. Edificai as comunidades cristãs por meio do vosso exemplo, vivendo com verdade e alegria os vossos compromissos sacerdotais: o celibato na castidade e o desapego dos bens materiais. Se vividos com maturidade e serenidade, estes sinais, que vos conformam particularmente com o estilo de vida de Jesus, exprimem a "dedicação total e exclusiva a Cristo, à Igreja e ao Reino de Deus".[165] Colocai todas as vossas forças na atuação da pastoral diocesana para a reconciliação, a justiça e a paz, sobretudo através da celebração dos sacramentos da Penitência e da Eucaristia, da catequese, da formação dos leigos e do acompanhamento dos responsáveis da sociedade. Cada sacerdote deve poder sentir-se feliz por servir a Igreja.

112. Seguir Cristo pelo caminho do sacerdócio exige fazer opções. Estas nem sempre são fáceis de viver. As exigências evangélicas, que o ensinamento do Magistério foi codificando ao longo dos séculos, apresentam-se como radicais aos olhos do mundo. Às vezes é difícil segui-las, mas não impossível. Cristo ensina-nos que não é possível servir a dois

---

[165] Bento XVI, Exort. ap. pós-sinodal *Sacramentum caritatis* (22 de fevereiro de 2007), 24: *AAS* 99 (2007), 125.

senhores (cf. *Mt* 6,24). Nesta passagem bíblica aludia Ele, sem dúvida, ao dinheiro, aquele tesouro temporal que pode ocupar o nosso coração (cf. *Lc* 12,34); mas, noutras passagens, faz referência também a muitos outros bens que possuímos, como, por exemplo, a nossa vida, a nossa família, a nossa educação, as nossas relações pessoais. Trata-se de bens preciosos e admiráveis que fazem parte de nós mesmos. Pois bem! Àquele que é chamado, Cristo exige que se abandone totalmente à Providência; pede uma opção radical (cf. *Mt* 7,13-14), que por vezes se nos torna difícil de compreender e viver. Mas, se Deus é o nosso verdadeiro tesouro – aquela pérola rara que só se pode adquirir vendendo tudo o que se possui (cf. *Mt* 13,45-46), ou seja, mesmo à custa de grandes sacrifícios – então desejaremos que o nosso coração e o nosso corpo, o nosso espírito e a nossa inteligência sejam reservados só para Ele. Este ato de fé permitir-nos-á ver, sob outra perspectiva, aquilo que nos parece importante e viver a relação com o nosso corpo e as nossas relações humanas de família ou de amizade à luz da vocação de Deus e da sua exigência ao serviço da Igreja. É preciso refletir profundamente nisto; esta reflexão há de começar nos Seminários e continuar durante toda a vida sacerdotal. De certo modo para nos encorajar, porque conhece as forças e as fraquezas do nosso coração, Cristo diz: "Procurai primeiro o Reino de Deus e a sua justiça, e tudo o mais ser-vos-á dado por acréscimo" (*Mt* 6,33).

III. Os missionários

113. Os missionários não africanos, respondendo ao apelo do Senhor com generoso e ardente zelo apostólico, vieram partilhar a alegria da Revelação. Seguindo os seus passos, há hoje africanos que são missionários noutros continentes. Como não lhes prestar aqui uma homenagem particular? Os missionários vindos para a África – sacerdotes, religiosos, religiosas e leigos – construíram igrejas, escolas e dispensários e contribuíram imensamente para a visibilidade atual das culturas africanas, mas principalmente edificaram o Corpo de Cristo e enriqueceram a casa de Deus. Souberam partilhar o sabor do sal da Palavra e fizeram resplandecer a luz dos Sacramentos; e, acima de tudo, deram à África aquilo que possuíam de mais precioso: Cristo. Graças a eles, numerosas culturas tradicionais foram libertadas de medos ancestrais e dos espíritos imundos (cf. *Mt* 10,1). Do bom grão por eles semeado (cf. *Mt* 13,24), surgiram numerosos santos africanos, que aparecem agora como modelos nos quais é preciso inspirar-se mais largamente. Seria desejável que o seu culto fosse reavivado e promo-

vido. O seu compromisso pela causa do Evangelho atingiu por vezes as raias do heroísmo, a preço da sua própria vida. Uma vez mais se verificou ser verdadeira a afirmação de Tertuliano: "O sangue dos mártires torna-se semente de cristãos".[166] Dou graças ao Senhor por estes santos e santas, sinais da vitalidade da Igreja na África.

114. Encorajo os Pastores das Igrejas particulares a individuar, entre os servidores africanos do Evangelho, aqueles que poderiam, segundo as normas da Igreja, ser canonizados, não só para aumentar o número dos santos africanos, mas também para obter novos intercessores no Céu, que acompanhem a Igreja na sua peregrinação terrena e intercedam junto de Deus pelo continente africano. A Nossa Senhora da África e aos santos deste amado continente confio a Igreja que nele se encontra.

IV. Os diáconos permanentes

115. A grandeza da vocação recebida pelos diáconos permanentes merece ser assinalada. Na fidelidade à missão que há séculos lhes é atribuída, convido-os a trabalharem em humilde e estreita

---

[166] *Apologeticum*, 50, 13: *PL* 1, 603.

colaboração com os bispos.[167] Com amizade, peço-
-lhes para continuarem a propor aquilo que Jesus
nos ensina no Evangelho: a seriedade no trabalho
benfeito,[168] a força moral no respeito dos valores, a
honestidade, o respeito pela palavra dada, a alegria
de contribuir com o próprio tijolo para a edificação
da sociedade e da Igreja, a proteção da natureza,
o sentido do bem comum. Ajudai a sociedade africana, em todas as suas componentes, a valorizar
a responsabilidade dos homens como maridos e
pais, a respeitar a mulher que é igual ao homem
em dignidade, a cuidar das crianças abandonadas
a si mesmas e sem educação.

116. Não deixeis de prestar uma atenção particular às pessoas mental ou fisicamente doentes,[169]
às pessoas mais frágeis e aos mais pobres das vossas
comunidades. Que a vossa caridade se faça criativa!
Na pastoral paroquial, recordai-vos de que uma sã
espiritualidade permite ao Espírito de Cristo liber-

---

[167] Cf. Congr. para a Educação Católica, *Normas Fundamentais para
a Formação dos Diáconos Permanentes* (22 de fevereiro de 1998), 8:
Enchiridion Vaticanum, 17, 167; Congr. para o Clero, *Diretório para o
Ministério e a Vida dos Diáconos Permanentes* (22 de fevereiro de 1998),
6.8.48: *Enchiridion Vaticanum*, 17, 291.294-297.376-378.

[168] Cf. II Assembleia Especial para a África do Sínodo dos Bispos, *Lineamenta*, 89: *L'Osservatore Romano* (ed. port. de 22/VII/2006 – Suplemento), págs. X-XI.

[169] Cf. *Propositio* 50.

tar o ser humano, para que este atue eficazmente na sociedade. Os bispos terão o cuidado de completar a vossa formação, o que não deixará de contribuir para o exercício do vosso carisma.[170] Como Santo Estêvão, São Lourenço e São Vicente, diáconos e mártires, esforçai-vos por reconhecer e encontrar Cristo na Eucaristia e nos pobres. Este serviço do altar e da caridade levar-vos-á a amar o encontro com o Senhor presente no altar e nos pobres. Então estareis preparados para dar a vossa vida por Ele até à morte.

V. As pessoas consagradas

117. Através dos votos de castidade, pobreza e obediência, a vida das pessoas consagradas tornou-se um testemunho profético. Podem assim ser exemplos em matéria de reconciliação, justiça e paz, mesmo em circunstâncias de fortes tensões.[171] A vida comunitária manifesta que é possível viver como irmãos ou como irmãs e permanecer unidos, mesmo quando as origens étnicas e raciais são diferentes (cf. *Sl* 133/132,1). Aquela pode e deve fazer ver e crer que hoje, na África, quem segue Jesus Cristo encontra n'Ele o segredo da alegria de viver juntos:

---

[170] Cf. *Propositio* 41.

[171] Cf. *Propositio* 42.

o amor mútuo e a comunhão fraterna, diariamente consolidados pela Eucaristia e a Liturgia das Horas.

118. Possais vós, amadas pessoas consagradas, continuar a viver o vosso carisma com zelo verdadeiramente apostólico nos diversos âmbitos indicados pelos vossos fundadores. Neste sentido, redobrai de cuidados em conservar acesa a vossa lâmpada. Os vossos fundadores quiseram seguir Cristo a sério, respondendo ao seu apelo. Diversas obras, que constituem os seus frutos, são joias que adornam a Igreja;[172] é preciso, pois, desenvolvê-las seguindo o mais fielmente possível o carisma dos fundadores, o seu pensamento e os seus projetos. Gostaria de sublinhar aqui o papel importante das pessoas consagradas na vida eclesial e missionária: não só constituem uma ajuda necessária e preciosa na atividade pastoral, mas são também uma manifestação da natureza íntima da vocação cristã.[173] Por isso, convido-vos, amadas pessoas consagradas, a permanecerem em estreita comunhão com a Igreja particular e com o seu primeiro responsável, o bispo. Convido-vos também a fortalecer a vossa união com o Bispo de Roma.

---

[172] Cf. Conc. Ecum. Vat. II, Const. dogm. sobre a Igreja *Lumen gentium*, 46.

[173] Cf. Conc. Ecum. Vat. II, Decr. sobre a atividade missionária da Igreja *Ad gentes*, 18.

119. A África é o berço da vida contemplativa cristã. Esta, sempre presente no Norte da África, particularmente no Egito e na Etiópia, lançou raízes na África subsaariana no último século. O Senhor abençoe os homens e as mulheres que decidiram segui-Lo incondicionalmente! A sua vida escondida é como o fermento na massa. A sua oração contínua sustentará o esforço apostólico dos bispos, dos sacerdotes, das outras pessoas consagradas, dos catequistas e da Igreja inteira.

120. Os encontros das várias Conferências Nacionais dos Superiores Maiores e os da Confederação das Conferências dos Superiores Maiores da África e de Madagascar (CO.S.M.A.M.) permitem unir as reflexões e as forças não só para assegurar as finalidades de cada um dos institutos, preservando sempre a sua autonomia, caráter e espírito próprios, mas também para tratar das questões comuns num clima de fraternidade e solidariedade. É bom cultivar um espírito eclesial, garantindo uma sã coordenação e uma reta cooperação com as Conferências dos Bispos.

VI. Os seminaristas

121. Os Padres sinodais prestaram uma atenção particular aos seminaristas. Sem menosprezar

a formação teológica e espiritual, evidentemente prioritária, sublinharam a importância do crescimento psicológico e humano de cada candidato. Os futuros sacerdotes devem desenvolver em si mesmos uma reta compreensão das respectivas culturas, sem se fechar nas suas fronteiras étnicas e culturais.[174] De igual forma, hão de radicar-se nos valores evangélicos para reforçar, na fidelidade e lealdade, o seu compromisso com Cristo. A fecundidade da sua missão futura dependerá muito da sua profunda união com Cristo, da qualidade da vida de oração e da vida interior, dos valores humanos, espirituais e morais que tiverem assimilado durante a formação. Oxalá cada seminarista se torne um homem de Deus, procurando e vivendo "a justiça, a piedade, a fé, o amor, a perseverança, a mansidão" (*1Tm* 6,11).

122. "Os seminaristas devem aprender de tal modo a vida comunitária, que a vida fraterna entre eles se torne, sucessivamente, a fonte duma autêntica experiência de sacerdócio como íntima fraternidade sacerdotal".[175] Seguindo as indicações dos bispos, os diretores e os formadores do Seminário trabalharão conjuntamente para garantir uma formação integral aos seminaristas que lhes

---

[174] Cf. *Propositio* 40.
[175] *Ibid*. 40.

estão confiados. Na seleção dos candidatos, será necessário realizar um cuidadoso discernimento e um qualificado acompanhamento, para que sejam verdadeiros discípulos de Cristo e autênticos servidores da Igreja aqueles que forem admitidos ao sacerdócio. Ter-se-á a peito introduzi-los nas inúmeras riquezas do patrimônio bíblico, teológico, espiritual, litúrgico, moral e jurídico da Igreja.

123. Dirigi-me aos seminaristas, escrevendo-lhes uma *Carta* depois do Ano Sacerdotal que terminou em junho de 2010.[176] Nela insisti sobre a identidade, a espiritualidade e o apostolado do sacerdote. Recomendo vivamente a cada seminarista que leia e medite este breve documento, que lhe é pessoalmente destinado e que os formadores hão de colocar à sua disposição. O Seminário é um tempo de preparação para o sacerdócio, um tempo de estudo; é um tempo de discernimento, formação e amadurecimento humano e espiritual. Possam os seminaristas utilizar, sabiamente, este tempo que lhes é oferecido para acumularem reservas espirituais e humanas, a que poderão recorrer durante a sua vida sacerdotal.

---

[176] Cf. *Carta aos Seminaristas* (18 de outubro de 2010): *L'Osservatore Romano* (ed. port. de 23/X/2010), 4-5.

124. Amados seminaristas, sede apóstolos junto dos jovens da vossa geração, convidando-os a seguir Cristo na vida sacerdotal. Não tenhais medo! A oração de inúmeras pessoas vos acompanha e apoia (cf. *Mt* 9,37-38).

VII. Os catequistas

125. Os catequistas são preciosos agentes pastorais na missão evangelizadora. O seu papel foi muito importante na primeira evangelização, no acompanhamento catecumenal, na animação e apoio das comunidades. "Com naturalidade, realizaram uma eficaz inculturação, que deu maravilhosos frutos (cf. *Mc* 4,20). São os catequistas que permitiram que 'a luz brilhasse diante dos homens' (*Mt* 5,16), para que, vendo o bem que faziam, populações inteiras pudessem dar glória ao nosso Pai que está nos céus. São africanos que evangelizaram africanos".[177] Importante no passado, o seu papel continua essencial para o presente e o futuro da Igreja. Agradeço-lhes o seu amor à Igreja.

126. Exorto os bispos e os sacerdotes a cuidarem com desvelo da formação humana, intelectual, doutrinal, moral, espiritual e pastoral dos catequis-

---

[177] Bento XVI, *Discurso ao Conselho Especial para a África do Sínodo dos Bispos* (Yaoundé, 19 de março de 2009): *AAS* 101 (2009), 311-312.

tas, prestando grande atenção às suas condições de vida para que a sua dignidade seja salvaguardada. Não esqueçam as suas legítimas necessidades materiais,[178] porque o trabalhador fiel da vinha do Senhor tem direito a uma justa retribuição (cf. *Mt* 20,1-16), à espera daquela que lhe há de dar de maneira equitativa o Senhor, porque só Ele é justo e conhece os corações.

127. Amados catequistas, lembrai-vos de que sois, para um grande número de comunidades, o rosto concreto e imediato do discípulo diligente e o modelo da vida cristã. Encorajo-vos a proclamar, com o exemplo, que a vida familiar merece uma consideração enorme, que a educação cristã prepara os filhos para serem, na sociedade, honestos e dignos de confiança nas suas relações com os outros. Acolhei a todos sem discriminação: pobres e ricos, naturais e estrangeiros, católicos e não católicos (cf. *Tg* 2,1). Não façais acepção de pessoas (cf. *At* 10,34; *Rm* 2,11; *Gl* 2,6; *Ef* 6,9). Se vós próprios assimilardes a Sagrada Escritura e os ensinamentos do Magistério, conseguireis oferecer uma catequese sólida, animar grupos de oração e propor a *lectio divina* às comunidades que cuidais. Então a vossa ação tornar-se-á coerente, perseverante e fonte de

---

[178] Cf. *Propositio* 44; João Paulo II, Exort. ap. pós-sinodal *Ecclesia in Africa* (14 de setembro de 1995), 91: *AAS* 88 (1996), 57.

inspiração. Ao mesmo tempo em que evoco, com gratidão, a memória gloriosa dos vossos antecessores, saúdo-vos e encorajo-vos a trabalhar hoje com a mesma abnegação, coragem apostólica e fé. Procurando ser fiéis à vossa missão, não só crescereis na vossa santidade pessoal, mas contribuireis também de modo eficaz para a edificação do Corpo Místico de Cristo, a Igreja.

VIII. Os leigos

128. A Igreja torna-se presente e ativa na vida do mundo através dos seus membros leigos. Estes têm uma grande função a desempenhar na Igreja e na sociedade. Para que possam assumir bem esta função, é preciso que se organizem, nas dioceses, escolas ou centros de formação bíblica, espiritual, litúrgica e pastoral. É meu vivo desejo que os leigos com responsabilidades de ordem política, econômica e social sejam dotados dum sólido conhecimento da doutrina social da Igreja, que proporciona princípios de ação conformes com o Evangelho. De fato, os fiéis leigos são "embaixadores de Cristo" (*2Cor* 5,20) no espaço público, no coração do mundo.[179]

---

[179] Cf. João Paulo II, Exort. ap. pós-sinodal *Christifideles laici* (30 de dezembro de 1988), 15.17: *AAS* 81 (1989), 413-416.418-421.

O seu testemunho cristão só será credível, se forem profissionais competentes e honestos.

129. Os leigos, homens e mulheres, são chamados antes de mais à santidade, e a viver esta santidade no mundo. Amados fiéis, cultivai com solicitude a vossa vida interior e a vossa relação com Deus, de modo que o Espírito Santo vos ilumine em todas as circunstâncias. Para que a pessoa humana e o bem comum estejam, efetivamente, no centro da ação humana, política, econômica ou social, uni-vos profundamente a Cristo a fim de O conhecerdes e amardes, reservando tempo para Deus na oração e abeirando-vos dos Sacramentos. Deixai-vos iluminar e instruir por Deus e pela sua Palavra.

130. Queria deixar uma palavra mais sobre o caráter particular da vida profissional do cristão. Em suma, trata-se de testemunhar Cristo no mundo, mostrando, pelo exemplo, que o trabalho não é primariamente um meio de granjeio, mas pode ser também um espaço muito positivo de realização pessoal. O trabalho consente que tomeis parte na obra da criação e estejais ao serviço dos vossos irmãos e irmãs. Agindo assim, sereis "o sal da terra" e "a luz do mundo", como nos pede o Senhor. Qualquer que seja a vossa posição na sociedade, na vida diária, praticai a opção preferencial pelos pobres,

segundo o espírito das Bem-aventuranças (cf. *Mt* 5,3-12), para verdes neles concretamente o rosto de Jesus que vos chama a servi-Lo (cf. *Mt* 25,31-46).

131. Pode ser útil organizar-vos em associações para continuardes a formação da vossa consciência cristã e vos apoiardes mutuamente na luta pela justiça e a paz. As "pequenas comunidades cristãs" – *small Christian communities* (S.C.C.) ou *communautés ecclésiales vivantes* (C.E.V.) – e as "Comunidades novas"[180] são estruturas basilares para alimentar a chama viva do vosso Batismo. Ponde as vossas capacidades a render também na animação das universidades católicas, que não cessam de desenvolver-se na linha das recomendações da Exortação apostólica *Ecclesia in Africa*.[181] De igual modo queria encorajar-vos a ter uma presença ativa e corajosa no mundo da política, da cultura, das artes, dos *media* e das diversas associações. Seja uma presença sem complexos nem acanhamento, mas pundonorosa e consciente da preciosa contribuição que pode prestar ao bem comum.

---

[180] *Propositio* 37.

[181] Cf. n. 103: *AAS* 88 (1996), 62-63.

Capítulo II

PRINCIPAIS CAMPOS DE APOSTOLADO

132. O Senhor confiou-nos uma missão particular, não nos deixando desprovidos de meios para a cumprir. Não só enriqueceu cada um de nós com dons pessoais para a edificação do seu Corpo que é a Igreja, mas entregou também a toda a comunidade eclesial dons particulares para lhe permitir continuar a sua missão. O dom por excelência é o Espírito Santo. É graças a Ele que formamos um só corpo e, "só na força do Espírito Santo, podemos encontrar aquilo que é reto e depois pô-lo em prática".[182] Embora necessários para nos permitir agir, os meios permanecem insuficientes, se, através das "nossas capacidades de pensar, falar, sentir, agir",[183] não for o próprio Deus que nos predispõe a colaborar na sua obra de reconciliação. É graças ao

---

[182] Bento XVI, *Meditação durante a Hora Tércia ao início dos trabalhos da II Assembleia Especial para a África do Sínodo dos Bispos* (5 de outubro de 2009): *AAS* 101 (2009), 920.

[183] *Ibid.: o.c.*, 921.

Espírito Santo que nos tornamos verdadeiramente "o sal da terra" e "a luz do mundo" (*Mt* 5,13.14).

I. A Igreja como presença de Cristo

133. A Igreja, "em Cristo, é como que o sacramento, ou sinal, e o instrumento da íntima união com Deus e da unidade de todo o gênero humano".[184] Enquanto comunidade de discípulos de Cristo, podemos tornar visível e comunicar o amor de Deus. O amor "é a luz – fundamentalmente, a única – que ilumina incessantemente um mundo às escuras e nos dá a coragem de viver e agir".[185] Esta realidade transparece na Igreja universal, diocesana, paroquial, nas "pequenas comunidades cristãs" (S.C.C./C.E.V.),[186] nos movimentos e associações, e enfim na família cristã, "chamada a ser 'uma Igreja doméstica', lugar de fé, de oração e de amorosa solicitude pelo bem verdadeiro e duradouro de cada um dos seus membros",[187] uma comunidade onde se vive o gesto da paz.[188] As "pequenas comunidades cristãs", os

---

[184] Conc. Ecum. Vat. II, Const. dogm. sobre a Igreja *Lumen gentium*, 1.

[185] Bento XVI, Carta enc. *Deus caritas est* (25 de dezembro de 2005), 39: *AAS* 98 (2006), 250.

[186] Cf. *Propositio* 35.

[187] Bento XVI, *Homilia em Nazaré* (14 de maio de 2009): *AAS* 101 (2009), 480.

[188] Cf. Bento XVI, Exort. ap. pós-sinodal *Sacramentum caritatis* (22 de fevereiro de 2007), 49: *AAS* 99 (2007), 143.

movimentos e as associações podem ser, no seio das paróquias, lugares propícios para acolher e viver o dom da reconciliação oferecida por Cristo, nossa paz. Cada membro da comunidade deve tornar-se o guardião do outro: é um dos significados do gesto da paz na celebração da Eucaristia.[189]

II. O mundo da educação

134. As escolas católicas são instrumentos preciosos para se aprender, desde a infância, a tecer laços de paz e harmonia na sociedade, através da educação nos valores africanos assumidos pelos do Evangelho. Encorajo os bispos e os institutos de pessoas consagradas a trabalharem para que as crianças em idade escolar possam frequentar uma escola: é uma questão de justiça para com toda a criança; mais ainda, disso depende o futuro da África. Que os cristãos, particularmente os jovens, se dediquem às ciências da educação, tendo em vista transmitir um saber impregnado pela verdade, um saber-fazer e um saber-ser animados por uma consciência cristã formada à luz da doutrina social da Igreja. Um ponto a que se deverá prestar atenção é assegurar uma justa remuneração ao pessoal das instituições educativas da Igreja e ao conjunto

---

[189] Cf. *Propositio* 36.

do pessoal das estruturas eclesiais, para reforçar a credibilidade da Igreja.

135. No contexto atual de grande mistura de populações, de culturas e de religiões, o papel das universidades e instituições acadêmicas católicas é essencial na busca paciente, rigorosa e humilde da luz que deriva da Verdade. Só uma verdade que transcende a medida humana, condicionada pelos seus limites, satisfaz as pessoas e reconcilia as sociedades entre si. Com esta finalidade, é oportuno criar novas universidades católicas, onde ainda não existam. Amados irmãos e irmãs empenhados nas universidades e demais instituições acadêmicas católicas, é tarefa vossa, por um lado, educar a inteligência e o espírito das jovens gerações à luz do Evangelho e, por outro, ajudar as sociedades africanas a compreenderem melhor os desafios que se colocam hoje à África, oferecendo-lhes a luz necessária através das vossas pesquisas e análises.

136. A missão confiada pela Exortação apostólica *Ecclesia in Africa* às instituições universitárias católicas conserva toda a sua pertinência. O meu Beato Predecessor deixou lá escrito: "As universidades e os institutos superiores católicos na África desempenham um papel importante na proclamação da Palavra salvífica de Deus. Eles são sinal do crescimento da Igreja, enquanto, nas suas

investigações, integram as verdades e as experiências da fé, e ajudam a interiorizá-las. Assim, estes centros de estudo servem a Igreja, fornecendo-lhe pessoal bem preparado, estudando importantes questões teológicas e sociais, desenvolvendo a teologia africana, promovendo o trabalho de inculturação [...], publicando livros e divulgando o pensamento católico, realizando as pesquisas que lhes são confiadas pelos bispos, contribuindo para o estudo científico das culturas [...]. Os centros culturais católicos oferecem à Igreja singulares possibilidades de presença e ação no campo das mudanças culturais. Na realidade, constituem uma espécie de fórum público que permite fazer conhecer largamente, num diálogo criativo, as convicções cristãs sobre o homem, a mulher, a família, o trabalho, a economia, a sociedade, a política, a vida internacional, o meio ambiente. Tornam-se assim um lugar de escuta, respeito e tolerância".[190] Os bispos vigiarão para que estas instituições universitárias mantenham a sua natureza católica, assumindo sempre orientações fiéis à doutrina do Magistério da Igreja.

137. Para os estudantes poderem oferecer à sociedade africana uma contribuição forte e quali-

---

[190] N. 103: *AAS* 88 (1996), 62-63.

ficada, é indispensável formá-los na doutrina social da Igreja. Isto ajudará a Igreja na África a preparar, serenamente, uma pastoral que atinja o ser do africano e o reconcilie consigo mesmo na adesão a Cristo. Uma vez mais, cabe aos bispos sustentar uma pastoral da inteligência e da razão que crie o hábito de um diálogo racional e de uma análise crítica na sociedade e na Igreja. Como disse em Yaoundé, "talvez este século permita, com a graça de Deus, o renascimento no vosso continente da prestigiosa Escola de Alexandria, certamente porém sob um forma diversa e nova. Por que não esperar dela que possa fornecer aos africanos de hoje e à Igreja universal grandes teólogos e mestres espirituais que hão de contribuir para a santificação dos habitantes deste continente e da Igreja inteira?".[191]

138. É bom que os bispos apoiem as capelanias dentro das universidades e das instituições educativas da Igreja, e as criem nas estruturas educativas públicas. A capela será de certo modo o seu coração. Permitirá ao estudante encontrar Deus e colocar-se sob o seu olhar. De igual modo o capelão – que há de ser escolhido com cuidado pelas suas virtudes sacerdotais – terá possibilidade de exercer o seu ministério pastoral de ensino e santificação.

---

[191] *Discurso ao Conselho Especial para a África do Sínodo dos Bispos* (Yaoundé, 19 de março de 2009): *AAS* 101 (2009), 312.

III. O mundo da saúde

139. Em todos os tempos, a Igreja se preocupou com a saúde. O exemplo vem-lhe do próprio Cristo, que, depois de ter proclamado a Palavra e curado os doentes, confiou aos seus discípulos o mesmo poder de "curar todas as enfermidades e doenças" (*Mt* 10,1; cf. 14,35; *Mc* 1,32.34; 6,13.55). É esta mesma solicitude pelos doentes que a Igreja continua a manifestar através das suas instituições sanitárias. Como sublinharam os Padres sinodais, a Igreja está decididamente empenhada na luta contra as doenças, as moléstias e as grandes pandemias.[192]

140. As instituições sanitárias da Igreja e todas as pessoas que, por diverso título, nelas trabalham, esforcem-se por ver em cada doente um membro sofredor do Corpo de Cristo. No vosso caminho, surgem dificuldades de todo o gênero: o número crescente de doentes, a escassez dos meios materiais e financeiros, a deserção dos organismos que vos apoiaram durante muito tempo e agora vos abandonam. Tudo isto por vezes vos dá a impressão dum trabalho sem resultados palpáveis. Amados agentes sanitários, sede portadores do

---

[192] Cf. II Assembleia Especial para a África do Sínodo dos Bispos, *Mensagem Final* (23 de outubro de 2009), 31: *L'Osservatore Romano* (ed. port. de 31/X/2009), 8.

amor compassivo de Jesus às pessoas que sofrem. Sede pacientes, sede fortes e tende coragem! Relativamente às pandemias, os meios financeiros e materiais são indispensáveis, mas empenhai-vos também, sem descanso, em informar e formar a população, sobretudo os jovens.[193]

141. É preciso que as instituições sanitárias sejam administradas segundo as normas éticas da Igreja, assegurando os serviços de acordo com a sua doutrina e exclusivamente a favor da vida. Que elas não se tornem uma fonte de enriquecimento para os particulares. A gestão dos fundos concedidos deve ter em vista a transparência e servir sobretudo o bem do doente. Entretanto, cada instituição sanitária deverá ter uma capela; a sua presença recordará aos profissionais (direção, funcionários, médicos e enfermeiros...) e ao doente que só Deus é o Senhor da vida e da morte. Ao mesmo tempo, é preciso multiplicar, na medida do possível, os pequenos dispensários que asseguram localmente tratamentos e primeiros socorros.

IV. O mundo da informação e da comunicação

142. A Exortação apostólica *Ecclesia in Africa* considera os *media* modernos não apenas como

---

[193] Cf. *ibid.*, 31: *o.c.*, 8.

instrumentos de comunicação, mas também como um mundo a evangelizar.[194] Devem oferecer uma comunicação verdadeira, que é uma prioridade na África, pois são uma alavanca importante para o desenvolvimento do continente[195] e para a evangelização. Os *"media* podem constituir uma válida ajuda para fazer crescer a comunhão da família humana e o bom costume da sociedade, quando se tornam instrumentos de promoção da participação universal na busca comum daquilo que é justo".[196]

143. Todos sabemos que as novas tecnologias de informação podem tornar-se instrumentos poderosos de coesão e paz ou, pelo contrário, promotores eficazes de destruição e divisão. Podem favorecer ou prejudicar moralmente, difundir tanto a verdade como o erro, propor tanto o feio como o belo. A enorme quantidade de notícias ou de contranotícias e ainda de imagens pode ter o seu interesse, mas pode igualmente conduzir a uma forte manipulação. A informação pode com grande facilidade tornar-se desinformação; e a formação, uma deformação. Os *media* tanto podem promover

---

[194] N. 124: *AAS* 88 (1996), 72-73.

[195] Cf. *Propositio* 56.

[196] Bento XVI, Carta enc. *Caritas in veritate* (29 de junho de 2009), 73: *AAS* 101 (2009), 705.

uma autêntica humanização, como, pelo contrário, comportar uma desumanização.

144. Os *media* evitarão este escolho se estiverem "organizados e orientados à luz duma imagem da pessoa e do bem comum que traduza os seus valores universais. Os meios de comunicação social não favorecem a liberdade nem globalizam o desenvolvimento e a democracia para todos simplesmente porque multiplicam as possibilidades de interligação e circulação das ideias; para alcançar tais objetivos, é preciso que estejam centrados na promoção da dignidade das pessoas e dos povos, animados expressamente pela caridade e colocados ao serviço da verdade, do bem e da fraternidade natural e sobrenatural".[197]

145. A Igreja deve estar mais presente nos *media*, para fazer deles não apenas um instrumento de difusão do Evangelho, mas também um meio útil de formação dos povos africanos para a reconciliação na verdade, para a promoção da justiça e da paz. Por isso, uma sólida formação dos jornalistas na ética e no respeito pela verdade ajudá-los-á a evitar a sedução do sensacional e também a tentação de manipular a informação e do enriquecimento fácil. Os jornalistas cristãos não tenham medo de ma-

---

[197] *Ibid.*, 73: *o.c.*, 704-705.

nifestar a sua fé; antes, sintam ufania dela. É bom também encorajar a presença e a atividade de fiéis leigos competentes no mundo das comunicações públicas e privadas. Como o fermento na massa, continuarão a dar testemunho do contributo positivo e construtivo que a doutrina de Cristo e da Igreja traz ao mundo.

146. Além disso, a opção adotada pela primeira Assembleia Especial para a África de considerar a comunicação como um pilar essencial da evangelização demonstrou-se frutuosa para o desenvolvimento dos *media* católicos; mas conviria talvez coordenar as estruturas existentes, como já se faz em algumas partes. Uma tal melhoria na utilização dos *media* contribuirá para uma maior promoção dos valores defendidos pelo Sínodo: a paz, a justiça e a reconciliação na África,[198] e permitirá a este continente participar no desenvolvimento atual do mundo.

---

[198] Cf. *Propositio* 56.

Capítulo III

"LEVANTA-TE, TOMA O TEU LEITO E ANDA" (*JO* 5,8)

I. O ensinamento de Jesus na piscina de Betzatá

147. Amados irmãos no episcopado, queridos filhos e filhas da África, depois de ter passado em revista as principais ações e alguns meios propostos pela Assembleia Especial para a África do Sínodo dos Bispos para a realização da missão da Igreja, desejo voltar a alguns pontos já abordados antes de modo genérico.

148. São João, no capítulo V do seu Evangelho, apresenta-nos um episódio comovente. Passa-se na piscina de Betzatá, que tinha cinco pórticos. "Neles jaziam numerosos doentes, cegos, coxos e paralíticos" (v. 3), que esperavam a agitação da água, isto é, o momento da cura. Entre eles, encontrava-se "um homem que padecia da sua doença há trinta e oito anos" (v. 5), mas não tinha ninguém para o ajudar a mergulhar na piscina. Sucede então que Jesus en-

tra na sua vida. Tudo muda, quando Jesus lhe diz: "Levanta-te, toma o teu leito e anda" (v. 8). "E, no mesmo instante – diz o evangelista –, aquele homem ficou são" (v. 9). Já não precisava da água da piscina.

149. O acolhimento de Jesus proporciona à África uma cura mais profunda e eficaz do que todas as outras. Como declarou o apóstolo Pedro nos *Atos dos Apóstolos* (3,6), repito que não é de ouro nem de prata que a África tem primariamente necessidade; o que ela mais deseja é pôr-se de pé como o homem da piscina de Betzatá, deseja ter confiança em si mesma, na sua dignidade de povo amado pelo seu Deus. Por isso, é este encontro com Jesus que a Igreja deve oferecer aos seus corações dilacerados e feridos, ardentemente desejosos de reconciliação e de paz, sedentos de justiça. Devemos oferecer e anunciar a Palavra de Cristo que cura, liberta e reconcilia.

II. A Palavra de Deus e os Sacramentos

A. A Sagrada Escritura

150. Segundo São Jerônimo, "a ignorância das Escrituras é ignorância de Cristo".[199] A leitura e a meditação da Palavra de Deus não só nos propor-

---

[199] *Commentariorum in Isaiam prophetam*, Prologus: *PL* 24, 17.

cionam "a maravilha que é o conhecimento de Jesus Cristo" (*Fl* 3,8), mas também nos radicam mais profundamente em Cristo e orientam o nosso serviço de reconciliação, de justiça e de paz. A celebração da Eucaristia, cuja primeira parte é a liturgia da Palavra, constitui a fonte e o ápice de tal leitura e meditação. Por isso recomendo que se promova o apostolado bíblico em cada comunidade cristã, na família e nos movimentos eclesiais.

151. Possa cada fiel de Cristo ganhar o hábito da leitura diária da Bíblia. Uma leitura atenta da recente Exortação apostólica *Verbum Domini* fornecerá úteis indicações pastorais. Ter-se-á, pois, o cuidado de iniciar os fiéis na venerável e frutuosa tradição da *lectio divina*. É a Palavra de Deus que pode contribuir para o conhecimento de Jesus Cristo e realizar as conversões que levam à reconciliação, pois aquela discerne "os sentimentos e as intenções do coração" (*Hb* 4,12). Os Padres sinodais encorajam as paróquias, as pequenas comunidades cristãs (S.C.C./C.E.V.), as famílias, as associações e os movimentos eclesiais a terem momentos de partilha da Palavra de Deus.[200] Assim, tornar-se-ão, antes de mais, lugares onde a Palavra de Deus, que edifica a comunidade dos discípulos de Cristo, é lida em conjunto, meditada e celebrada. Esta

---

[200] Cf. *Propositio* 46.

Palavra regenera continuamente a comunhão fraterna (cf. *1Pd* 1,22-25).

B. A Eucaristia

152. Para edificar uma sociedade reconciliada, justa e pacífica, o meio mais eficaz é uma vida de íntima comunhão com Deus e com os outros. Com efeito, ao redor da mesa do Senhor, reúnem-se homens e mulheres de origem, cultura, raça, língua e etnia diversas. Formam uma só e idêntica unidade, graças ao Corpo e Sangue de Cristo. Através de Cristo-Eucaristia, tornam-se consanguíneos e, por conseguinte, autenticamente irmãos e irmãs, graças à Palavra, ao Corpo e Sangue do próprio Jesus Cristo. Este vínculo de fraternidade é mais forte do que o das nossas famílias humanas, do que o das nossas tribos. "Porque àqueles que Ele de antemão conheceu também os predestinou para serem uma imagem idêntica à do seu Filho, de tal modo que Ele é o primogênito de muitos irmãos" (*Rm* 8,29). O exemplo de Jesus torna-os capazes de se amarem, de darem a vida uns pelos outros, pois o amor com que cada um é amado deve comunicar-se em obras e verdade.[201] Por isso, é indispensável celebrar em

---

[201] Cf. Bento XVI, Exort. ap. pós-sinodal *Sacramentum caritatis* (22 de fevereiro de 2007), 82: *AA*S 99 (2007), 168-169; *id.*, Carta enc. *Deus caritas est* (25 de dezembro de 2005), 14: *AAS* 98 (2006), 228-229.

comunidade o domingo, Dia do Senhor, bem como as festas de preceito.

153. Não quero fazer aqui uma exposição teológica sobre a Eucaristia; na Exortação apostólica pós-sinodal *Sacramentum caritatis*, delineei as suas grandes linhas. Limito-me, aqui, a exortar toda a Igreja na África a cuidar de modo particular a celebração da Eucaristia, memorial do Sacrifício de Jesus Cristo, sinal de unidade e vínculo de caridade, banquete pascal e penhor da vida eterna. A Eucaristia deve ser celebrada com dignidade e beleza, seguindo as normas estabelecidas. A Adoração Eucarística, pessoal e comunitária, permitirá aprofundar este grande mistério. Nesta linha, poder-se--ia celebrar um Congresso Eucarístico Continental; este sustentaria o esforço dos cristãos na sua solicitude por testemunhar os valores fundamentais de comunhão em todas as sociedades africanas.[202]

154. Para que o mistério eucarístico seja respeitado, os Padres sinodais recordam que as igrejas e as capelas são lugares sagrados que se hão de reservar unicamente para as celebrações litúrgicas, evitando, na medida do possível, que se tornem simplesmente espaços de socialização ou espaços culturais. Convém promover a sua função primária:

---

[202] Cf. *Propositio* 8.

ser um lugar privilegiado de encontro entre Deus e o seu povo, entre Deus e a sua criatura fiel. Além disso, convém velar para que a arquitetura dos edifícios de culto seja digna do mistério celebrado e de acordo com a legislação eclesial e o estilo local. Estas construções devem ser feitas sob a responsabilidade dos bispos, depois de terem ouvido o parecer de pessoas competentes em liturgia e arquitetura. Oxalá se possa dizer ao transpor o seu limiar: "O Senhor está realmente neste lugar [...]. Aqui é a casa de Deus, aqui é a porta do céu" (*Gn* 28,16.17). De igual forma se pode afirmar que estes lugares atingirão o seu objetivo, se forem uma ajuda para a comunidade – regenerada na Eucaristia e demais sacramentos – prolongar a celebração na vida social, perpetuando o exemplo do próprio Cristo (cf. *Jo* 13,15).[203] Esta "coerência eucarística"[204] interpela toda a consciência cristã (cf. *1Cor* 11,17-34).

C. A Reconciliação

155. Para ajudar as sociedades africanas a curarem-se das feridas da divisão e do ódio, os Padres sinodais convidam a Igreja a lembrar-se de que traz dentro de si as mesmas feridas e amarguras.

---

[203] Cf. Bento XVI, Exort. ap. pós-sinodal *Sacramentum caritatis* (22 de fevereiro de 2007), 51: *AAS* 99 (2007), 144.

[204] *Ibid.*, 83: *o.c.,* 169.

Por isso precisa que o Senhor a cure a fim de testemunhar, de maneira credível, que o sacramento da Reconciliação restabelece e cura os corações feridos. Este sacramento renova os vínculos quebrados entre a pessoa humana e Deus, e restaura os laços na sociedade. Educa também os nossos corações e as nossas mentes para aprendermos a ter "o mesmo pensar e os mesmos sentimentos, o amor de irmãos, a misericórdia e a humildade" (*1Pd* 3,8).

156. Lembro a confissão individual, que é tão importante que nenhum outro ato de Reconciliação nem qualquer outra paraliturgia a podem substituir. Por isso encorajo todos os fiéis da Igreja – clero, pessoas consagradas e leigos – a darem de novo o verdadeiro lugar ao sacramento da Reconciliação, na sua dupla dimensão pessoal e comunitária.[205] As comunidades, que não têm sacerdotes por causa das distâncias ou por outras razões, podem viver o caráter eclesial da penitência e da reconciliação através de formas não sacramentais. Também deste modo se podem unir ao caminho penitencial da Igreja os cristãos em situação irregular. Como indicaram os Padres sinodais, a forma não sacramental pode ser considerada como um meio de preparação dos fiéis

---

[205] Cf. *Propositio* 5.

para uma recepção frutuosa do sacramento,[206] mas não poderá tornar-se uma norma habitual e menos ainda substituir o próprio sacramento. Com todo o coração exorto os sacerdotes a viverem pessoalmente este sacramento e a tornarem-se verdadeiramente disponíveis para a sua celebração.

157. Para encorajar a reconciliação, em âmbito comunitário, recomendo vivamente – como desejaram os Padres sinodais – que se celebre todos os anos, em cada país africano, "um dia ou uma semana de reconciliação, particularmente durante o Advento ou a Quaresma".[207] O Simpósio das Conferências Episcopais da África e de Madagascar (S.C.E.A.M.) poderá contribuir para a sua realização e, de acordo com a Santa Sé, promover um *Ano da Reconciliação* em âmbito continental para pedir a Deus um perdão especial para todos os males e feridas que os seres humanos se infligiram uns aos outros na África, e para que se reconciliem as pessoas e os grupos que foram ofendidos na Igreja e no conjunto da sociedade.[208] Tratar-se-á de um Ano Jubilar extraordinário "durante o qual a Igreja na África e nas ilhas adjacentes dá graças com a Igreja

---

[206] Cf. *Propositio* 6; João Paulo II, Exort. ap. pós-sinodal *Reconciliatio et Pænitentia* (2 de dezembro de 1984), 23: *AAS* 77 (1985), 233-235.

[207] *Propositio* 8.

[208] Cf. *ibid*. 8.

universal e pede para receber os dons do Espírito Santo",[209] especialmente o dom da reconciliação, da justiça e da paz.

158. Para tais celebrações, será útil seguir este conselho dos Padres sinodais: "Oxalá a memória das grandes testemunhas que gastaram a sua vida ao serviço do Evangelho e do bem comum ou em defesa da verdade e dos direitos humanos seja guardada e recordada fielmente".[210] A este respeito, lembro que os santos são as verdadeiras estrelas da nossa vida, "as pessoas que souberam viver com retidão. Elas são luzes de esperança. Certamente, Jesus Cristo é a luz por antonomásia, o sol erguido sobre todas as trevas da história. Mas, para chegar até Ele, precisamos também de luzes vizinhas, de pessoas que dão luz recebida da luz d'Ele e oferecem, assim, orientação para a nossa travessia".[211]

III. A nova evangelização

159. Antes de concluir este documento, quero voltar uma vez mais à tarefa da Igreja na África, que é a de se empenhar na evangelização, na *missio*

---

[209] *Ibid.* 8.

[210] *Propositio* 9.

[211] Bento XVI, Carta enc. *Spe salvi* (30 de novembro de 2007), 49: *AAS* 99 (2007), 1025.

ad gentes, e também na nova evangelização, para que a fisionomia do continente africano se modele cada vez mais pelo ensinamento sempre atual de Cristo, verdadeira "luz do mundo" e autêntico "sal da terra".

A. Portadores de Cristo, "luz do mundo"

160. A obra premente da evangelização realiza-se de maneira diversificada segundo a situação específica de cada país. "Em sentido próprio, temos a *missio ad gentes* dirigida àqueles que não conhecem Cristo. Em sentido lato, fala-se de 'evangelização' para referir o aspecto ordinário da pastoral, e de 'nova evangelização' para a pastoral com aqueles que abandonaram a práxis cristã".[212] Somente a evangelização que é animada pela força do Espírito Santo se torna a "lei nova do Evangelho" e produz frutos espirituais.[213] O âmago de toda a atividade evangelizadora é o anúncio da Pessoa de Jesus, o Verbo de Deus encarnado (cf. *Jo* 1,14), morto e ressuscitado, presente para sempre na comunidade dos fiéis, na sua Igreja (cf. *Mt* 28,20). Trata-se duma tarefa urgente, e não só para a África, mas para o mundo inteiro, porque a missão que Cristo

---

[212] Congr. para a Doutrina da Fé, *Nota doutrinal sobre alguns aspectos da Evangelização* (3 de dezembro de 2007), 9: *AAS* 100 (2008), 501.

[213] Cf. São Tomás de Aquino, *Summa theologiæ*, Ia-IIæ, q. 106, a. 1.

redentor confiou à sua Igreja ainda não alcançou a plena realização.

161. O "Evangelho de Jesus Cristo, Filho de Deus" (*Mc* 1,1) é o caminho seguro para encontrar a Pessoa do Senhor Jesus. Perscrutar as Escrituras permite-nos descobrir cada vez mais o verdadeiro rosto de Jesus, revelação de Deus Pai (cf. *Jo* 12,45), e a sua obra de salvação. "Redescobrir a centralidade da Palavra de Deus na vida cristã faz-nos encontrar o sentido mais profundo daquilo que João Paulo II incansavelmente lembrou: continuar a *missio ad gentes* e empreender com todas as forças a nova evangelização".[214]

162. Guiada pelo Espírito Santo, a Igreja na África deve anunciar – vivendo-o – o mistério da salvação àqueles que ainda não o conhecem. O Espírito Santo, que os cristãos receberam no Batismo, é o fogo de amor que impele à ação evangelizadora. Depois do Pentecostes, os discípulos, "cheios do Espírito Santo" (*At* 2,4), saíram do Cenáculo – onde, por medo, se tinham trancado – para proclamar a Boa Notícia de Jesus Cristo. O acontecimento do Pentecostes permite-nos compreender melhor a missão dos cristãos, "luz do mundo" e "sal da

---

[214] Bento XVI, Exort. ap. pós-sinodal *Verbum Domini* (30 de setembro de 2010), 122: *AAS* 102 (2010), 785.

terra", no continente africano. É próprio da luz difundir-se e iluminar os numerosos irmãos e irmãs que ainda estão nas trevas. A *missio ad gentes* compromete todos os cristãos da África. Animados pelo Espírito, devem ser portadores de Jesus Cristo, "luz do mundo", ao continente inteiro, em todos os domínios da vida pessoal, familiar e social. Os Padres sinodais assinalaram "a urgência e a necessidade da evangelização, que é a missão e a verdadeira identidade da Igreja".[215]

B. Testemunhas de Cristo Ressuscitado

163. O Senhor Jesus continua hoje a exortar os cristãos da África a pregarem, em seu Nome, "a conversão para o perdão dos pecados a todos os povos" (*Lc* 24,47). Por isso, são chamados a ser testemunhas do Senhor ressuscitado (cf. *Lc* 24,48). Os Padres sinodais sublinharam que a evangelização "consiste essencialmente em dar testemunho de Cristo com a força do Espírito através da vida, e depois por meio da palavra, num espírito de abertura aos outros, de respeito e diálogo com eles, atendo-se aos valores do Evangelho".[216] No caso específico

---

[215] *Propositio* 34.

[216] *Ibid.*, 34; cf. Paulo VI, Exort. ap. *Evangelii nuntiandi* (8 de dezembro de 1975), 21: *AAS* 68 (1976), 19-20.

da Igreja na África, este testemunho deve estar ao serviço da reconciliação, da justiça e da paz.

164. O anúncio do Evangelho deve reencontrar o ardor dos primórdios da evangelização do continente africano, atribuída ao evangelista Marcos, ao qual se seguiu uma "falange inumerável de santos, mártires, confessores, virgens".[217] Com gratidão, é preciso aprender o entusiasmo dos numerosos missionários que, durante vários séculos, sacrificaram a vida para levar a Boa Notícia aos seus irmãos e irmãs africanos. Ao longo destes últimos anos, a Igreja comemorou em diversos países significativas efemérides jubilares da evangelização, comprometendo-se, justamente, a difundir o Evangelho no meio daqueles que ainda não conhecem o nome de Jesus Cristo.

165. Para que este esforço se torne cada vez mais eficaz, a *missio ad gentes* deve caminhar lado a lado com a *nova evangelização*. Não são raras, mesmo na África, as situações que requerem uma nova apresentação do Evangelho, "nova no seu entusiasmo, nos seus métodos e nas suas expressões".[218]

---

[217] João Paulo II, Exort. ap. pós-sinodal *Ecclesia in Africa* (14 de setembro de 1995), 31: *AAS* 88 (1996), 21.

[218] João Paulo II, *Discurso aos Bispos membros do Conselho Episcopal Latino-Americano* (Porto Príncipe, 9 de março de 1983): *AAS* 75 (1983), 778.

De modo particular, a nova evangelização deve integrar a dimensão intelectual da fé na experiência viva do encontro com Jesus Cristo presente e operante na comunidade eclesial, porque, na origem do fato de ser cristão, não está uma decisão ética nem uma grande ideia, mas o encontro com um acontecimento, com uma Pessoa, que dá à vida um novo horizonte e consequentemente a sua orientação decisiva. Por isso a catequese deve integrar a parte teórica, constituída por noções aprendidas de memória, com a parte prática, vivida em nível litúrgico, espiritual, eclesial, cultural e caritativo, a fim de que a semente da Palavra de Deus, caída num terreno fértil, lance profundas raízes e possa crescer e chegar à maturação.

166. Mas, para que isto aconteça, é indispensável empregar os novos métodos que hoje temos à nossa disposição. Quando se trata dos meios de comunicação social, de que já falei, é preciso não esquecer um ponto por mim sublinhado recentemente na Exortação apostólica pós-sinodal *Verbum Domini*: "São Tomás de Aquino, mencionando Santo Agostinho, insiste vigorosamente: 'A letra do Evangelho também mata, se faltar a graça interior da fé que cura'".[219] Cientes desta exigência, é preciso ter

---

[219] N. 29: *AAS* 102 (2010), 708.

sempre presente que nenhum meio pode nem deve substituir o contato pessoal, o anúncio verbal, bem como o testemunho de uma vida cristã autêntica. Este contato pessoal e este anúncio verbal devem exprimir a fé viva, que compromete e transforma a existência, e o amor de Deus, que alcança e toca cada um tal como é.

C. Missionários seguindo Cristo

167. A Igreja que caminha na África é chamada a contribuir também para a nova evangelização dos países secularizados, donde outrora provinham numerosos missionários e que hoje, infelizmente, carecem de vocações sacerdotais e para a vida consagrada. Entretanto, há já um grande número de africanos e africanas que acolheram o convite do Senhor da messe (cf. *Mt* 9,37-38) para trabalhar na sua vinha (cf. *Mt* 20,1-16). Sem diminuir o zelo missionário *ad gentes* nos respectivos países, e mesmo no continente inteiro, os bispos da África devem acolher com generosidade o apelo dos seus irmãos dos países que carecem de vocações e acudir aos fiéis privados de sacerdote. Esta colaboração, que deve ser regulada através de acordos entre a Igreja que envia e aquela que recebe, torna-se um sinal concreto de fecundidade da *missio ad gentes*. Esta, abençoada pelo Senhor, Bom Pastor (cf. *Jo*

10,11-18), fornece assim um precioso apoio à nova evangelização nos países de antiga tradição cristã.

168. O anúncio da Boa-Nova faz nascerem na Igreja novas expressões, apropriadas às necessidades dos tempos, das culturas e às expectativas dos homens. O Espírito Santo não deixa de suscitar, também na África, homens e mulheres, que, reunidos em várias associações, movimentos e comunidades, consagram a sua vida à difusão do Evangelho de Jesus Cristo. Segundo a exortação do Apóstolo dos gentios – "não apagueis o Espírito; não desprezeis as profecias. Examinai tudo, guardai o que é bom. Afastai-vos de toda a espécie de mal" (*1Ts* 5,19-22) –, os Pastores têm o dever de velar para que estas novas expressões da perene fecundidade do Evangelho se integrem na ação pastoral das paróquias e dioceses.

169. Amados irmãos e irmãs, à luz do tema da segunda Assembleia Especial para a África, a nova evangelização diz respeito particularmente ao serviço da Igreja a favor da reconciliação, da justiça e da paz. Por conseguinte, é necessário acolher a graça do Espírito Santo, que nos convida: "Reconciliai-vos com Deus" (*2Cor* 5,20). Deste modo, os cristãos são todos convidados a reconciliar-se com Deus; sereis então capazes de vos tornar obreiros da reconciliação dentro das comunidades eclesiais

e sociais onde viveis e trabalhais. A nova evangelização supõe a reconciliação dos cristãos com Deus e consigo mesmo; aquela exige a reconciliação com o próximo, a superação de todo o tipo de barreiras, como por exemplo as da língua, da cultura e da raça. Somos todos filhos de um único Deus e Pai, que "faz com que o sol se levante sobre os bons e os maus e faz cair a chuva sobre os justos e os pecadores" (*Mt* 5,45).

170. Deus abençoará um coração reconciliado, concedendo-lhe a sua paz. Assim, o cristão tornar-se-á um obreiro da paz (cf. *Mt* 5,9), à medida que, radicado na graça divina, colabore com o seu Criador para a construção e a promoção do dom da paz. Reconciliado, o fiel tornar-se-á também promotor da justiça em toda a parte, sobretudo nas sociedades africanas divididas, à mercê da violência e da guerra, que têm fome e sede da verdadeira justiça. O Senhor convida-nos: "Procurai primeiro o Reino de Deus e a sua justiça, e tudo o mais ser-vos-á dado por acréscimo" (*Mt* 6,33).

171. A nova evangelização é uma tarefa urgente para os cristãos na África, porque também eles devem reavivar o seu entusiasmo de pertencerem à Igreja. Sob a inspiração do Espírito do Senhor ressuscitado, são chamados a viver, pessoal, familiar e socialmente, a Boa-Nova e a anunciá-la, com

renovado zelo, às pessoas vizinhas e distantes, empregando para a sua difusão os novos métodos que a Providência divina põe à nossa disposição. Louvando a Deus Pai pelas maravilhas que continua a realizar em cada um dos membros da sua Igreja, os fiéis são convidados a vivificar a sua vocação cristã na fidelidade à Tradição eclesial viva. Abertos à inspiração do Espírito Santo, que continua a suscitar diferentes carismas na Igreja, os cristãos devem continuar ou iniciar com determinação o caminho da santidade, para se tornarem cada dia mais apóstolos da reconciliação, da justiça e da paz.

CONCLUSÃO
"CORAGEM, LEVANTA-TE QUE ELE TE CHAMA"

(*Mc* 10,49)

172. Amados irmãos e irmãs, a última palavra do Sínodo foi um apelo à esperança, lançado à África. Mas tal apelo será vão, se não se radicar no amor trinitário. De Deus, *Pai* de todos, recebemos a *missão* de transmitir à África o amor com que Cristo, o Filho primogênito, nos amou, a fim de que a nossa *ação*, animada pelo seu *Espírito Santo*, seja sustentada pela esperança e, ao mesmo tempo, se torne fonte de esperança. No desejo de facilitar a concretização das orientações do Sínodo em assuntos tão incisivos como são a reconciliação, a justiça e a paz, peço que os "teólogos continuem a sondar a profundidade do mistério trinitário e o seu significado para o hoje africano".[220] Dado que é única a vocação de todo o homem, não deixemos apagar-se em nós o impulso vital da reconciliação da humanidade com Deus através do mistério da nossa salvação em Cristo. A redenção é a razão da credibilidade e firmeza da nossa esperança, "graças à qual podemos enfrentar o nosso tempo presente: o presente, ainda que custoso, pode ser vivido e aceito, se levar a uma meta e se pudermos estar seguros desta meta, se esta meta for tão grande que justifique a canseira do caminho".[221]

---

[220] Bento XVI, *Discurso ao Conselho Especial para a África do Sínodo dos Bispos* (Yaoundé, 19 de março de 2009): *AAS* 101 (2009), 312.

[221] Bento XVI, Carta enc. *Spe salvi* (30 de novembro de 2007), 1: *AAS* 99 (2007), 985.

173. Volto a dizê-lo: "Levanta-te, Igreja na África, [...] porque te chama o Pai celeste que os teus antepassados invocavam como Criador, antes de conhecer a sua proximidade misericordiosa, revelada no seu Filho unigênito, Jesus Cristo. Empreende o caminho duma nova evangelização, com a coragem que provém do Espírito Santo".[222]

174. O rosto que assume hoje a evangelização é o da reconciliação, "condição indispensável para instaurar na África relações de justiça entre os homens e para construir uma paz equitativa e duradoura no respeito de cada indivíduo e de todos os povos; uma paz que [...] se abre à contribuição de todas as pessoas de boa vontade, independentemente das respectivas afiliações religiosas, étnicas, linguísticas, culturais e sociais".[223] Que a Igreja Católica inteira acompanhe, com a sua amizade, os irmãos e irmãs do continente africano. Que os santos da África os amparem com a sua intercessão.[224]

175. "São José, como bom dono de casa que pessoalmente conhece bem o que significa ponderar, em atitude de solicitude e de esperança, os cami-

---

[222] Bento XVI, *Homilia na Missa de encerramento da Segunda Assembleia Especial para a África do Sínodo dos Bispos* (25 de outubro de 2009): *AAS* 101 (2009), 918.

[223] *Ibid., o.c.*, 919.

[224] Cf. *ibid., o.c.* (21 de dezembro de 2009): *AAS* 102 (2010), 34, 919.

nhos futuros da família, [e que] amorosamente nos escutou e acompanhou até ao próprio Sínodo",[225] proteja e acompanhe a Igreja na sua missão ao serviço da África, terra onde encontrou refúgio e proteção para a Sagrada Família (cf. *Mt* 2,13-15). A bem-aventurada Virgem Maria, Mãe do Verbo de Deus e Nossa Senhora da África, continue a acompanhar toda a Igreja com a sua intercessão e os seus apelos a fazer tudo o que o seu Filho disser (cf. *Jo* 2,5). Que a oração de Maria, Rainha da Paz, cujo coração está sempre orientado para a vontade de Deus, sustente todo o esforço de conversão, consolide toda a iniciativa de reconciliação e torne eficaz todo o esforço a favor da paz num mundo que tem fome e sede de justiça (cf. *Mt* 5,6).[226]

176. Amados irmãos e irmãs, o Senhor bom e misericordioso, através da segunda Assembleia Especial para a África do Sínodo dos Bispos, lembra de maneira premente que "vós sois o sal da terra [...], a luz do mundo" (*Mt* 5,13.14). Que estas palavras vos recordem a dignidade da vossa vocação de filhos de Deus, membros da Igreja una, santa, católica e apostólica. Tal vocação consiste em difundir, num mundo muitas vezes tenebroso, a

---

[225] Bento XVI, *Discurso à Cúria Romana por ocasião da apresentação dos votos de Natal.*

[226] Cf. *Propositio 57.*

claridade do Evangelho, o esplendor de Jesus Cristo, verdadeira luz que "a todo o homem ilumina" (*Jo* 1,9). Além disso, os cristãos devem oferecer aos homens o gosto de Deus Pai, a alegria da sua presença criadora no mundo. São chamados também a colaborar com a graça do Espírito Santo, para que continue o milagre do Pentecostes no continente africano, e cada um se torne sempre mais apóstolo da reconciliação, da justiça e da paz.

177. Possa a Igreja Católica na África ser sempre um dos pulmões espirituais da humanidade e tornar-se cada dia mais uma bênção para o nobre continente africano e para o mundo inteiro.

Dado em Ouidah, Benim, no dia 19 de novembro do ano 2011, sétimo do meu Pontificado.

Benedictus PP XVI

SUMÁRIO

INTRODUÇÃO 5

I PARTE
"EU RENOVO TODAS AS COISAS" (*Ap* 21,5)

CAPÍTULO I
Ao serviço da reconciliação,
da justiça e da paz 19

I. Autênticos servidores da Palavra de Deus 19

II. Cristo no coração das realidades africanas:
fonte de reconciliação, de justiça e de paz 21

CAPÍTULO II
Os canteiros para a construção da
reconciliação, da justiça e da paz 37

I. A atenção à pessoa humana 37

II. Viver unidos 47

III. A visão africana da vida 66

IV. O diálogo e a união entre os crentes 82

II PARTE
*"A CADA UM É DADA A MANIFESTAÇÃO DO
ESPÍRITO, PARA PROVEITO COMUM"* (*1Cor* 12,7)

CAPÍTULO I
Os membros da Igreja 95

I. Os bispos 96

II. Os sacerdotes.. 100

III. Os missionários..105

IV. Os diáconos permanentes.................................. 106

V. As pessoas consagradas......................................108

VI. Os seminaristas..110

VII. Os catequistas...113

VIII. Os leigos 115

CAPÍTULO II

Principais campos de apostolado..................................119

   I. A Igreja como presença de Cristo...................... 120

   II. O mundo da educação......................................121

   III. O mundo da saúde 125

   IV. O mundo da informação e da comunicação....... 126

CAPÍTULO III

"Levanta-te, toma o teu leito e anda" (*Jo* 5,8)...............131

   I. O ensinamento de Jesus na piscina de Betzatá......131

   II. A Palavra de Deus e os Sacramentos 132

   III. A nova evangelização 139

CONCLUSÃO:

"Coragem, levanta-te que ele te chama" (*Mc* 10,49).......149

Impresso na gráfica da
Pia Sociedade Filhas de São Paulo
Via Raposo Tavares, km 19,145
05577-300 - São Paulo, SP - Brasil - 2012